동화로 키우는

문해력 어휘력 발달 프로젝트

음원 재생

초등문해력교사연구회는 현직 초등학교 교사로 구성된 연구 단체입니다.
초등생들의 지적 발달을 이끌고, 학습 능력을 키우는 데 바탕이 되는 문해력을 연구합니다.

문해력 어휘력 발달 프로젝트
문어 5 공감 편
초등문해력교사연구회 **지음** | 박영 **그림**

펴낸날 2024년 5월 10일
펴낸이 김주한 | **책임편집** 한소영 | **책임마케팅** 김민석 | **책임홍보** 옥정연
디자인 아빠해마 김승우 | **인쇄** 이룸프레스
펴낸곳 픽 | **출판등록** 제406-251002015000039호
제조국 대한민국 | **사용연령** 8세 이상
주소 (10881) 경기도 파주시 회동길 471(문발동) 몽스패밀리Bd. 301호·302호

ISBN 979-11-92182-96-4 64710
ISBN 979-11-92182-72-8 64710(세트)

Peak을 향한 Pick_픽은 <잇츠북>의 학습·교양서 브랜드입니다.

동화로 키우는

문해력 어휘력 발달 프로젝트

공감 편

초등문해력교사연구회 지음 | 박영 그림

픽

문해력을 키우기 위한 선택

요즘 초등학생 자녀를 둔 부모님이라면 문해력에 대해 고민해 본 적이 있을 것입니다. 또한 시중에 나와 있는 도서 중 어떤 것이 자녀의 문해력을 기르는 데 도움이 될지 살펴보기도 했을 것입니다. 원하는 책을 쉽게 찾을 수 있었나요? 그리고 실제로 도움이 되었나요?

문해력에 관련된 수많은 책이 쏟아져 나왔고, 이 순간에도 출판되고 있습니다. 어떤 책을 선택하든 학생이 성실하게 꾸준히 활용한다면 효과는 있을 것입니다.

하지만 여기서 한번쯤 고민하고 점검해 볼 사항이 있습니다. 아이들이 즐겁게 활동하는지, 효율성은 높은지, 자기 주도적으로 학습할 수 있게 설계되었는지, 책 읽기에 흥미가 높아지는지 등을 말이에요.

배움의 기본이 되는 문해력

문해력에 관련된 책들이 쏟아져 나오는 이유는 무엇일까요? 그만큼 문해력이 아이들의 배움과 직결되기 때문이 아닐까 합니다.

사람의 두뇌는 몰입해서 학습할 때, 깊이 있고 지속적인 배움이 일어납니다. 문해력은 그러한 배움의 기본이 되는 힘이라는 점에서 매우 중요합니다. 기초가 튼튼하지 않으면 작은 균열에도 무너질 수 있기 때문이지요. 『아기 돼지 삼 형제』 이야기를 떠올려 보세요. 기초 재료부터 튼튼해야 어떤 상황에서도 흔들리지 않는 힘이 생깁니다.

유창하게 읽고 쓰는 능력이 다소 부족한 학생들에게는 딱딱하게 지식을 전달하기보다는 흥미 있고 수준에 알맞은 내용의 읽기와 쓰기로 즐거움을 느끼게 해 주는 것이 중요합니다. 부담 없는 분량으로 하루하루 꾸준히 활동하다 보면 문해력은 선물처럼 따라오게 되는 것이지요. 여기서 한 발 나아가 아이가 책 읽기를 즐기게 된다면 지식의 습득 차원을 넘어 마음이 건강한 아이로 성장하게 될 것입니다.

『문어』 특장점

혼자서 책 읽기를 시작하는 학생들이 재미있게 몰입하며 문해력을 기르게 하는 것이 『문어』의 기본 목표입니다. 교재의 학습량이 많거나 본문 내용이 딱딱하면 학생들은 부담감을 느낍니다. 이러한 부담감은 몰입의 힘과 학습 동기를 떨어뜨리게 되지요. 『문어』는 이 지점에 큰 강점을 지니고 있습니다.

- 공신력 있는 여러 기관, 도서관 등의 추천을 받아 이미 검증된 동화책의 내용을 교재 본문에 활용하여 수준 높은 문학성과 읽기의 재미를 느끼게 합니다.
- 현직 교사들로 구성된 전문 집필진이 학생 수준에 딱 맞는, 부담되지 않는 양의 활동으로 교재를 구성해 학습 몰입도를 최대한 높입니다.
- 교과 성취 기준 제시를 통해 학교 공부에 직접적인 도움을 주므로 아이의 학교생활에 즐거움을 선물하고 자신감을 쑥쑥 올려 줍니다.
- 동화 본문에 나오는 단어를 그림과 함께 익히고, 따라 쓰고, 간단한 문장으로 만드는 활동을 통해 낱말의 의미를 입체적으로 이해하도록 구성하였습니다. 낱말의 뜻을 상황 속에서 이해하고 문장 만들기 활동으로 발전시키다 보면 보다 높은 학습 효과를 얻을 수 있습니다.
- 일주일마다 한 주간 익힌 낱말들을 즐겁게 복습할 수 있도록 재미있는 놀이 활동을 준비했습니다. 반복 학습을 통한 복습은 학생들이 습득한 문해력을 더욱 발전시켜 줄 것입니다.

응원의 한마디

행복한 배움은 행복한 세상을 만드는 좋은 거름입니다.
재미있게 익힌 문해력이 여러분의 미래를 즐겁고 행복하게
만드는 데 도움이 되기를 바라고 힘껏 응원합니다.

똑똑한 『문어』 활용법

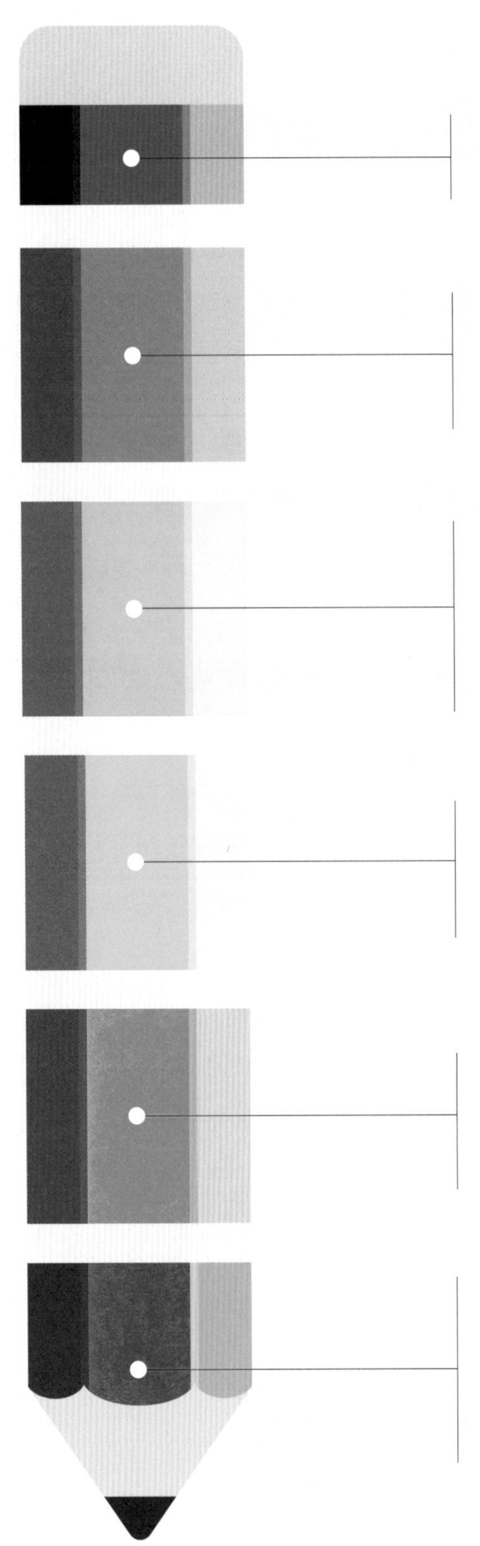

월, 화, 수, 목, 금 5일 동안 부담되지 않을 분량의 학습을 하며 문해력을 키웁니다.

QR코드를 통해 음성 파일을 제공합니다. 성우가 정확한 발음으로 읽어 주는 <오늘의 이야기>를 잘 듣고 따라 읽으면 읽고 쓰기뿐만 아니라 말하기에 도움이 됩니다.

눈으로 읽고, 따라 읽고, 혼자서 읽는 과정을 <읽기 쏙쏙>에서 스스로 체크하며 학습 성취도를 높입니다. <오늘의 이야기>를 제대로 이해했는지 <내용 쏙쏙>에서 문제를 해결하며 확인합니다.

친근한 문어 캐릭터가 낱말의 정확한 뜻을 전달하여 이해력을 확장시킵니다. <낱말 쏙쏙>에서 낱말을 따라 쓰고 또박또박 읽으며 학습 낱말을 집중적으로 연습합니다.

<생활 쏙쏙>에서는 앞에서 읽고 쓰며 배운 낱말과 연관성이 높은 생활 속 낱말을 만화, 미로찾기, 속담 등과 같이 흥미로운 활동으로 익혀 학습 몰입도를 높입니다.

주말에 <복습 마당>의 놀이 활동을 통해 일주일간 배운 내용을 확인합니다. 복습 활동으로 QR코드를 통해 성우가 말하는 낱말을 잘 듣고 혼자 써 보는 **<오늘의 받아쓰기>**가 있지만, 한글 해득이 충분히 되지 않은 경우라면 활동을 생략하거나 책 한 권이 끝날 때까지 늦춰도 괜찮습니다.

QR 코드 실행

<오늘의 이야기> 음성 파일을 제공하여 올바른 읽기 능력과 집중력을 향상시킵니다.

내용 쏙쏙 문제를 풀며 읽기 내용을 제대로 이해했는지 확인합니다.

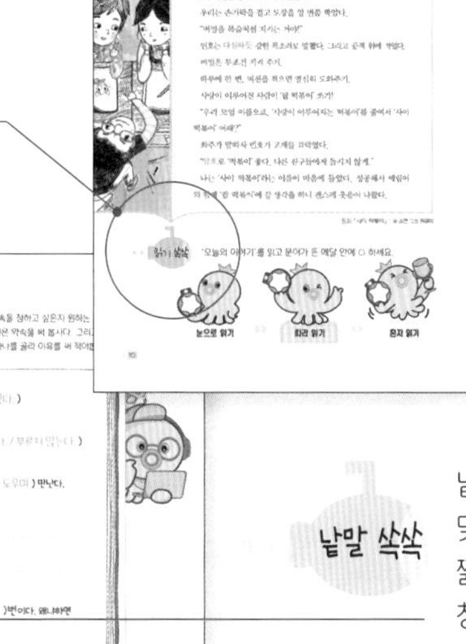

읽기 쏙쏙 <눈으로 읽기→따라 읽기→혼자 읽기> 과정을 통해 읽기 연습 과정을 체크하며 자기 주도 학습 능력을 기릅니다.

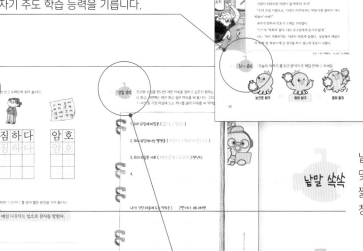

낱말 쏙쏙 낱말을 또박또박 읽고 따라 쓰면서 맞춤법을 익히고, 학습한 낱말을 넣어 짧은 문장 짓기를 하며 문장 감각과 창의력을 키웁니다.

생활 쏙쏙 미로찾기, 만화, 반대말, 유사어, 속담, 헷갈리는 맞춤법 등의 다양한 활동을 통해 생활 속에서 유용하게 쓰일 언어 감각과 사고력을 키웁니다.

QR 코드 실행

<오늘의 받아쓰기> 음성 파일을 제공하여 쓰기 능력을 확인합니다.

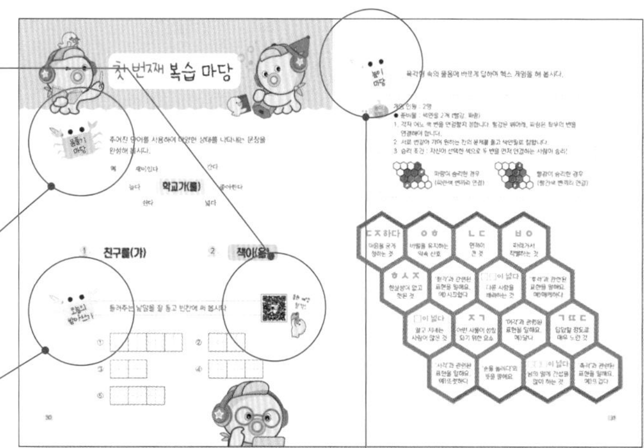

몸풀기 마당 끝말잇기, 다섯고개, 같은 말로 이어 말하기, 첫말 잇기 등의 다양한 활동으로 낱말을 유추하고 활용하는 능력을 기릅니다.

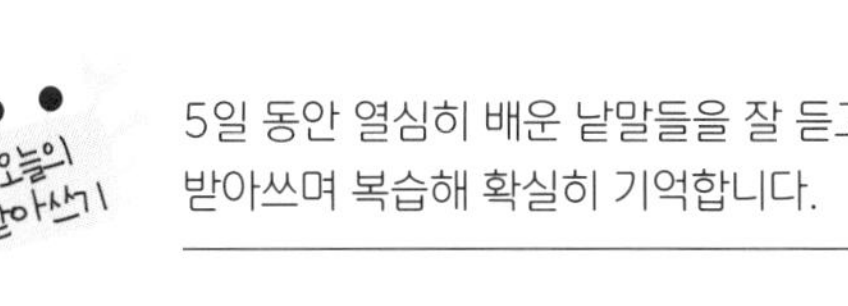

오늘의 받아쓰기 5일 동안 열심히 배운 낱말들을 잘 듣고 받아쓰며 복습해 확실히 기억합니다.

놀이 마당 낱말 퍼즐, 땅따먹기, 십자말풀이 등의 놀이 활동으로 흥미와 학습 자신감을 키웁니다.

학습 진도표

일 차	학습 낱말	오늘의 이야기	교과 성취 기준	학습 체크
1	다짐하다 암호	사이 떡볶이 모임을 만들다	3학년 | 인물의 마음이나 생각을 짐작하고 이를 자신과 비교하며 글을 읽는다. 4학년 | 글의 의미를 파악하며 유창하게 글을 읽는다.	☐
2	전달 말 돌리다	수상한 마니토	2학년 | 주변 소재에 대해 소개하는 글을 쓴다. 3학년 | 대상에 대한 자신의 의견과 그렇게 생각한 이유가 드러나게 글을 쓴다.	☐
3	넓다 배웅	만화가 할머니	2학년 | 글자와 단어를 바르게 쓴다. 2학년 | 의미가 잘 드러나도록 문장과 짧은 글을 알맞게 띄어 읽는다.	☐
4	조건 환상적	환상의 비밀 교실	2학년 | 읽기에 흥미를 갖고 즐겨 읽는 태도를 지닌다. 4학년 | 글의 의미를 파악하며 유창하게 글을 읽는다.	☐
5	굼뜨다 손을 놀리다	쓰레기통이 된 책상	1학년 | 의미가 잘 드러나도록 문장과 짧은 글을 알맞게 띄어 읽는다. 2학년 | 주변 소재에 대해 소개하는 글을 쓴다.	☐
복습 마당 1	다짐하다, 전달, 넓다, 환상적, 굼뜨다		2학년 | 글자와 단어를 바르게 쓴다. 2학년 | 한글 자모의 이름과 소릿값을 알고 정확하게 발음하고 쓴다.	☐
6	틈틈이 메우다	축구공에 담긴 이야기	2학년 | 글자와 단어를 바르게 쓴다. 2학년 | 겪은 일을 표현하는 글을 자유롭게 쓰고, 쓴 글을 함께 읽고 생각이나 느낌을 나눈다.	☐
7	얼버무리다 화를 풀다	사실은 말이야	1학년 | 글의 의미를 파악하며 유창하게 글을 읽는다. 2학년 | 주변 소재에 대해 소개하는 글을 쓴다.	☐
8	더듬거리다 갚다	감사의 편지	2학년 | 의미가 잘 드러나도록 문장과 짧은 글을 알맞게 띄어 읽는다. 3학년 | 인물과 이야기의 흐름을 중심으로 작품을 감상한다.	☐
9	난리 간질간질	진짜 친구	3학년 | 인물과 이야기의 흐름을 중심으로 작품을 감상한다. 4학년 | 글의 의미를 파악하며 유창하게 글을 읽는다.	☐
10	위로 까마득하다	공부는 힘들어	2학년 | 글을 읽고 중심 내용을 확인한다. 3학년 | 바람직한 읽기 습관을 형성하고 읽기에 대한 자신감을 기른다.	☐
복습 마당 2	틈틈이, 얼버무리다, 간질간질, 까마득하다		2학년 | 글자와 단어를 바르게 쓴다. 2학년 | 한글 자모의 이름과 소릿값을 알고 정확하게 발음하고 쓴다.	☐

일 차	학습 낱말	오늘의 이야기	교과 성취 기준	학습 체크
11	깨작거리다 꼼수	깨작공주의 꼼수	2학년 | 작품 속 인물의 모습, 행동, 마음을 상상하여 시, 노래, 이야기, 그림 등으로 표현한다. 3학년 | 글의 의미를 파악하며 유창하게 글을 읽는다.	☐
12	흡족하다 심심하다	레오의 만능 간장	3학년 | 인물과 이야기의 흐름을 중심으로 작품을 감상한다. 3학년 | 단어와 단어 간의 의미 관계를 파악한다.	☐
13	기부 벅차다	벅찬 감정으로 터진 눈물샘	2학년 | 인물의 마음이나 생각을 짐작하고 이를 자신과 비교하며 글을 읽는다. 3학년 | 감각적 표현을 활용하여 자신의 생각이나 감정을 표현한다.	☐
14	단련 유연하다	바위와 물의 우정	2학년 | 읽기에 흥미를 갖고 즐겨 읽는 태도를 지닌다. 3학년 | 바람직한 읽기 습관을 형성하고 읽기에 대한 자신감을 기른다.	☐
15	터지다 그윽하다	레디, 액션!	2학년 | 문장과 문장 부호를 알맞게 쓰고 국어와 한글에 호기심을 가진다. 3학년 | 목적과 주제를 고려하여 독자에게 마음을 전하는 글을 쓴다.	☐
복습 마당 3	깨작대다, 흡족하다, 벅차다, 유연하다, 그윽하다		2학년 | 글자와 단어를 바르게 쓴다. 2학년 | 한글 자모의 이름과 소릿값을 알고 정확하게 발음하고 쓴다.	☐
16	무안하다 손사래	좋은 게 좋다	3학년 | 바람직한 읽기 습관을 형성하고 읽기에 대한 자신감을 기른다. 4학년 | 글의 의미를 파악하며 유창하게 글을 읽는다.	☐
17	방법 답답하다	친구 마음 훔치기	2학년 | 글자와 단어를 바르게 쓴다. 4학년 | 인물과 이야기의 흐름을 중심으로 작품을 감상한다.	☐
18	배신 부탁	무무의 베스트 프렌드	2학년 | 쓰기에 흥미를 가지며 자신의 생각이나 느낌을 문장으로 표현한다. 4학년 | 단어와 단어 간의 의미 관계를 파악한다.	☐
19	거리를 두다 닭살이 돋다	또 후회할 순 없어	2학년 | 인물의 마음이나 생각을 짐작하고 이를 자신과 비교하며 글을 읽는다. 2학년 | 글자, 단어, 문장, 짧은 글을 정확하게 소리 내어 읽는다.	☐
20	꿈쩍도 안 하다 알아채다	빨리 떠나야 해	2학년 | 주변 소재에 대해 소개하는 글을 쓴다. 4학년 | 글의 의미를 파악하며 유창하게 글을 읽는다.	☐
복습 마당 4	손사래, 답답하다, 부탁, 닭살이 돋다, 꿈쩍도 안 하다		2학년 | 글자와 단어를 바르게 쓴다. 2학년 | 한글 자모의 이름과 소릿값을 알고 정확하게 발음하고 쓴다.	☐

1 일차 월 일

오늘의 이야기

사이 떡볶이 모임을 만들다

#감정
#삼각관계

민호가 이렇게 들뜬 모습은 처음 봤다. 희주와 민호를 보니 웃음이 나왔다. 없는 척, 아닌 척하더니 다들 마음속에 누군가가 있었던 거다. 비밀을 알고 나니 재미있었다.

우리는 손가락을 걸고 도장을 열 번쯤 찍었다.

"비밀을 목숨처럼 지키는 거야!"

민호는 다짐하듯 강한 목소리로 말했다. 그리고 공책 위에 적었다.

비밀은 무조건 지켜 주기.

하루에 한 번, 미션을 적으면 열심히 도와주기.

사랑이 이루어진 사람이 '팝 떡볶이' 쏘기!

"우리 모임 이름으로, '사랑이 이루어지는 떡볶이'를 줄여서 '사이 떡볶이' 어때?"

희주가 말하자 민호가 고개를 끄덕였다.

"암호로 '떡볶이' 좋다. 다른 친구들에게 들키지 않게."

나는 '사이 떡볶이'라는 이름이 마음에 들었다. 성공해서 예림이와 함께 '팝 떡볶이'에 갈 생각을 하니 괜스레 웃음이 나왔다.

동화 『사이 떡볶이』 | 글 소연 그림 원유미

읽기 쏙쏙 '오늘의 이야기'를 읽고 문어가 든 메달 안에 ○ 하세요.

눈으로 읽기

따라 읽기

혼자 읽기

내용 쏙쏙 읽은 내용을 떠올리며 문제를 해결해 봅시다.

1 다음 중 글의 내용에 맞는 것은 무엇인가요? (   )

① 사랑을 이룬 사람이 사이 떡볶이를 산다.
② '사이 떡볶이'는 사랑이 이루어지는 떡볶이를 말한다.
③ 모임 친구들 사이의 암호는 '들키지 않게'이다.

2 민호가 공책에 적은 내용이 아닌 것은 무엇인가요? (   )

① 사랑이 이루어진 사람이 '팝 떡볶이' 쏘기!
② 비밀은 무조건 지켜 주기.
③ 일주일에 한 번, 미션을 적으면 열심히 도와주기.

'암호'의 한자어는 '어두울 암', '부를 호'예요. 비밀을 유지하기 위해 당사자끼리만 알 수 있도록 꾸민 약속 기호나 신호를 뜻해요!

3 만약 주인공이 모임 약속에 따라 민호와 희주에게 팝 떡볶이를 사 준다면 어떤 일이 생겼다는 뜻인지 써 보세요.

____

____

____

낱말 쏙쏙 낱말을 따라 쓰고 또박또박 읽어 봅시다.

다	짐	하	다
다	짐	하	다

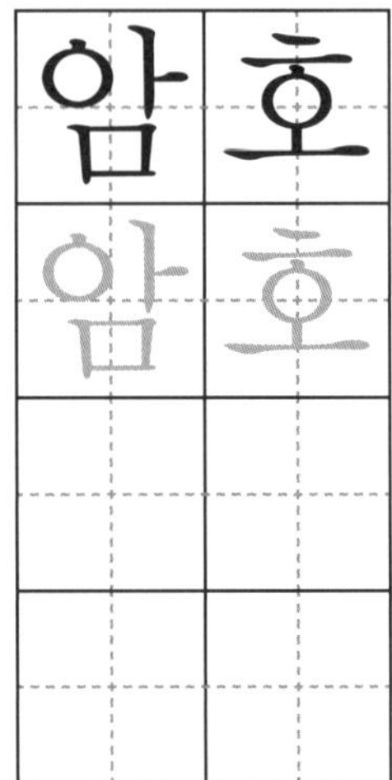

마음이나 뜻을 굳게 가다듬어 정하는 것을 '다짐하다'라고 해요!

뜻을 생각하며 '다짐하다'를 넣어 짧은 문장을 지어 봅시다.

나는 매일 다짐하듯 입으로 감사를 말한다.

생활 쏙쏙

친구와 모임을 한다면 어떤 약속을 정하고 싶은지 생각하여 1~3번에 ○ 하고, 4번에는 제안하고 싶은 약속을 써 봅시다. 그리고 1~4번 중 가장 마음에 드는 하나를 골라 이유를 써 봅시다.

1. 우리 모임에 비밀은 (없다. / 있다.)

2. 우리 모임에서는 별명을 (부른다. / 부르지 않는다.)

3. 우리 모임은 서로 (재미있게 / 도우며) 만난다.

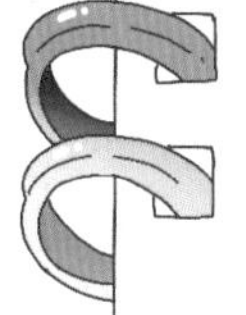

4. ....

....

내가 가장 마음에 드는 약속은 (   )번이다. 왜냐하면

....

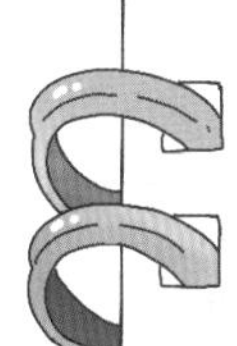

....

....

2일차 월 일

오늘의 이야기

수상한 마니토

#관계 #자존감 #우정

오늘 마니토 미션은 '마니토 칭찬 메시지'였다. 칭찬 메시지를 직접 종이에 적어 마니토에게 전달하는 것이었다. 아이들은 저마다 자신의 글씨를 들키지 않으려고 안간힘을 썼다. 일부러 글씨를 흘려 쓰거나, 오른손잡이가 왼손으로 글씨를 쓰기도 했다. 샛별이도 둥글고 예쁜 글씨체를 숨기려고 일부러 글자 끝을 뾰족하게 썼다. 쉽지 않았다.

"아이, 또 잘못 썼네."

말이 채 끝나기도 전에 지우개 하나가 휙 날아왔다. 호현이였다!

'앗, 지우개를?'

샛별이는 아침에 보라와 나눴던 대화가 떠올랐다. 호현이가 샛별이의 마니토일지 모른다. 그러고 보니 아까 과자 꾸러미를 넣은 사람이 누군지 물었을 때 말 돌린 것도 수상했다. 샛별이는 괜히 가슴이 두근거렸다. 얼른 지우개를 집어 잘못 쓴 글자를 고쳤다.

"고마워."

"별말씀을."

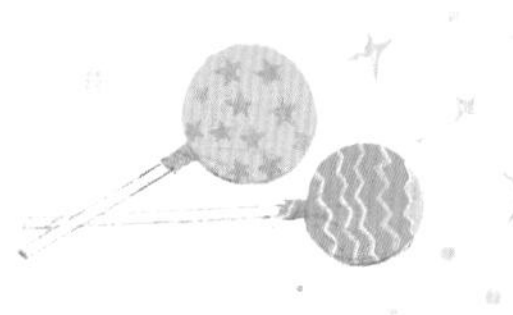

호현이가 보지도 않고 말했다.

동화 『자체 발광 오샛별』 | 글 정희용 그림 정은선

읽기 쏙쏙 '오늘의 이야기'를 읽고 문어가 든 메달 안에 ○ 하세요.

눈으로 읽기

따라 읽기

혼자 읽기

내용 쏙쏙 읽은 내용을 떠올리며 문제를 해결해 봅시다.

1 오늘의 마니토 미션은 무엇인가요? (   )

① 마니토에게 선물을 전달하는 미션
② 마니토에게 칭찬 메시지를 전달하는 미션
③ 마니토를 몰래 도와주는 미션

'전달'은 물건을 다른 곳으로 옮기거나 이동하는 것을 의미해요!

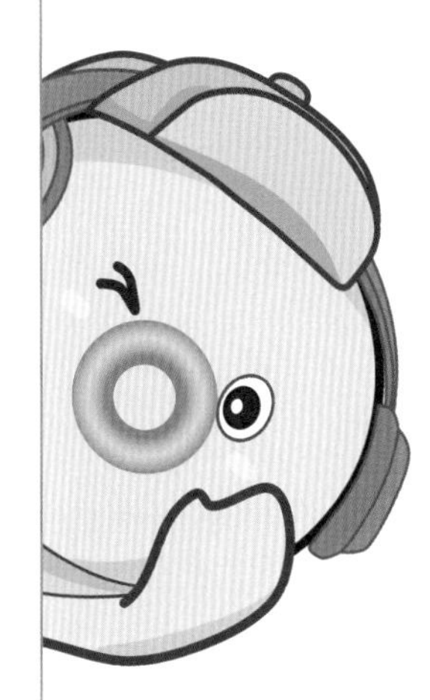

2 샛별이가 마니토에게 받은 선물은 무엇일까요? (   )

① 과자 꾸러미 ② 지우개 ③ 편지

3 샛별이가 글씨체를 들키지 않기 위해 한 행동은 무엇인가요? (   )

① 오른손잡이지만 왼손으로 글씨를 썼다.
② 글자 끝을 뾰족하게 썼다.
③ 컴퓨터 자판으로 쳐서 뽑았다.

낱말 쏙쏙 낱말을 따라 쓰고 또박또박 읽어 봅시다.

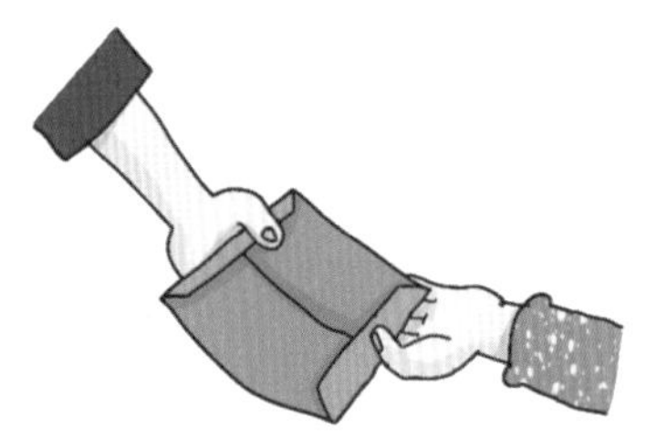

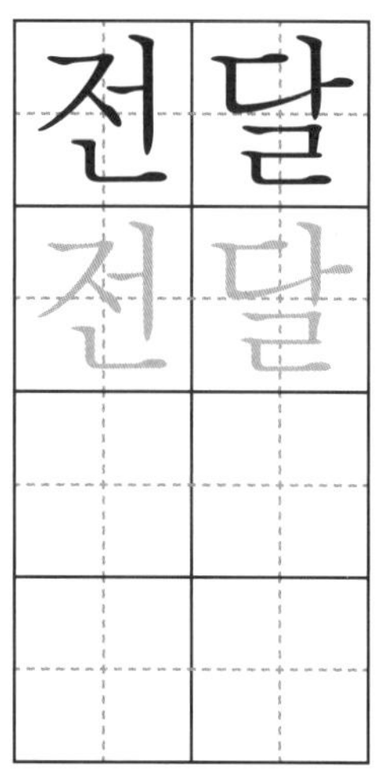

말 돌리다

말 돌리다

곤란한 상황을 피하기 위해 이야기의 소재를 바꾸어 말하는 것을 '말(을) 돌리다' 라고 표현해요!

뜻을 생각하며 '말 돌리다'를 넣어 짧은 문장을 지어 봅시다.

동생은 자신에게 불리해지자 은근슬쩍 말을 돌렸다.

생활 쏙쏙 평소 고마웠던 친구의 이름과 칭찬하는 메시지를 써 봅시다.

친구 :

칭찬할 점 :

친구 :

칭찬할 점 :

친구 :

칭찬할 점 :

친구 :

칭찬할 점 :

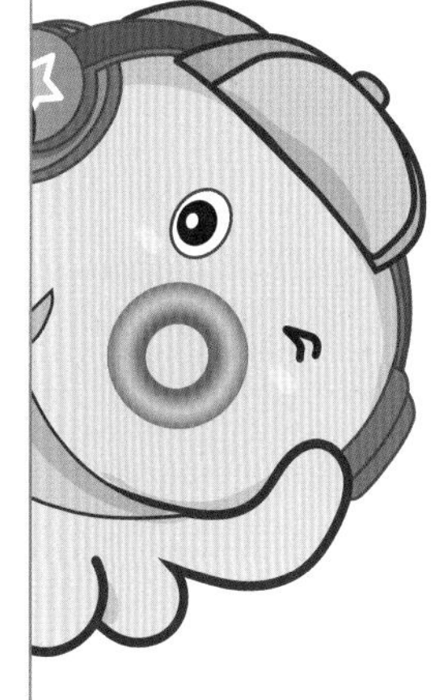

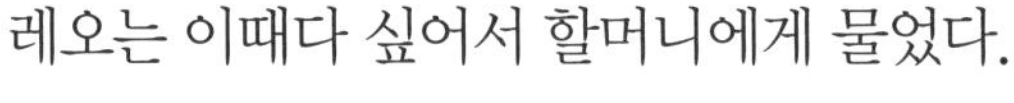

오늘의 이야기

만화가 할머니

#재치 #즐거움 #학교생활

레오는 이때다 싶어서 할머니에게 물었다.

"그럼 할머니는 아이들이 만화 보는 게 좋다고 생각하시는 거죠?"

"음⋯⋯ 좋은 내용의 만화는 도움이 된다고 생각해요. 그런데 중요한 건, 만화만 고집하면 안 된다는 거예요. 다양한 책을 봐야 해요. 그래야 보는 눈이 넓어지거든요. 저도 만화를 그리려고 고민하다 보니 여러 분야의 책을 읽고 있어요."

할머니는 주인공 캐릭터를 어떻게 만들었는지, 그림은 어떻게 배웠는지를 들려주었다. 아이들은 빠져들 듯이 이야기를 들었다.

강연이 끝나고 레오는 선생님과 함께 할머니를 배웅했다.

"오늘 와 주셔서 감사합니다."

레오는 그렇게 말한 다음 할머니 귀에 대고 속삭였다.

"사실 할머니 만화를 아직 못 봤는데요. 오늘 집에 가서 꼭 보고 댓글도 달게요."

할머니는 웃으며 대답했다.

"그래, 초대해 줘서 고맙다. 나도 네 덕분에 즐거운 시간이었어."

동화 『레오의 완벽한 초등 생활』 | 글 이수용 그림 정경아

읽기 쏙쏙 '오늘의 이야기'를 읽고 문어가 든 메달 안에 ○ 하세요.

눈으로 읽기

따라 읽기

혼자 읽기

내용 쏙쏙 읽은 내용을 떠올리며 문제를 해결해 봅시다.

1 교실에 초대된 만화가는 누구인가요? (　　)

① 선생님　　② 어린아이　　③ 할머니

'넓다'는 면적이나 너비가 큰 것을 의미해요. 마음 쓰는 것이 크고 너그럽다는 뜻도 있어요. '눈이 넓다'와 비슷한 말로 '시야가 넓다'도 많이 쓰여요!

2 할머니가 학생들에게 말한 내용으로 바르지 않은 것은 무엇인가요? (　　)

① 좋은 내용의 만화는 아이들에게 도움이 된다.
② 아이들은 만화책보다 글이 많은 책을 읽어야 한다.
③ 여러 분야의 책을 다양하게 읽는 것이 좋다.

3 밑줄 친 '눈이 넓어지다'의 의미는 무엇일까요? (　　)

① 눈이 커지는 것
② 시력이 좋아지는 것
③ 경험과 지식이 쌓여 다양한 생각이 가능해지는 것

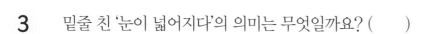

낱말 쏙쏙 낱말을 따라 쓰고 또박또박 읽어 봅시다.

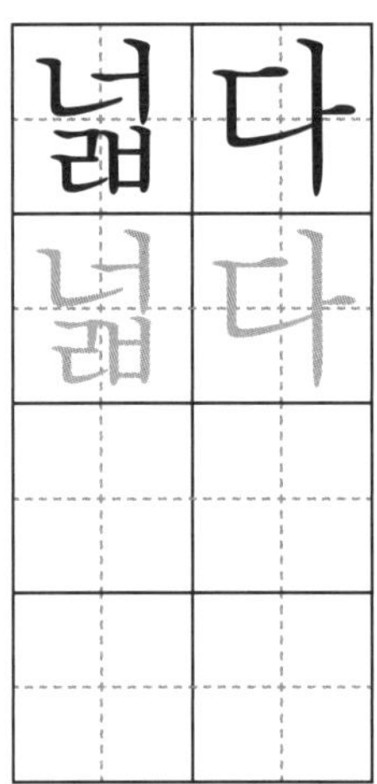

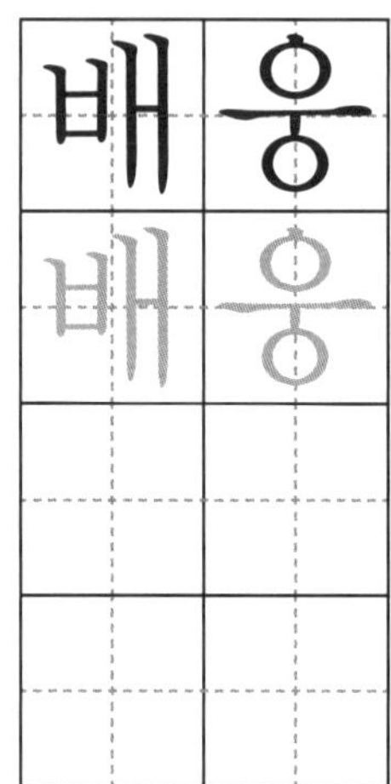

떠나는 손님을 일정한 곳까지 따라 나가서 작별하는 것을 '배웅'이라고 표현해요!

뜻을 생각하며 '배웅'을 넣어 짧은 문장을 지어 봅시다.

나는 집으로 돌아가시는 할머니를 배웅해 드렸다!

생활 쏙쏙 '넓다'가 들어간 다양한 관용어구의 뜻을 알아봅시다.

둘 이상의 단어가 합쳐져 새로운 의미를 만들어 낸 것을 '관용어구'라고 해요.

관용어구	의미
 발이 넓다.	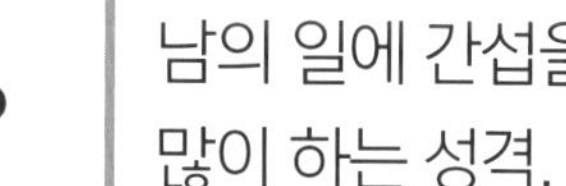 남의 일에 간섭을 많이 하는 성격.
마음이 넓다.	알고 지내는 사람이 많은 것.
 시야가 넓다.	다른 사람을 배려하고 너그러운 것.
 오지랖이 넓다.	여러 경험을 통해 다양한 생각이 가능해지는 것.

* 오지랖 : 옷의 앞자락

4 일차 월 일

오늘의 이야기

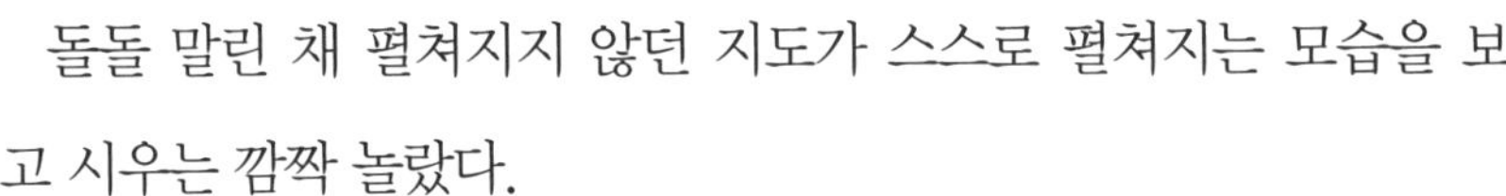

환상의 비밀 교실

#마음 치유 # 자존감 #모험

돌돌 말린 채 펼쳐지지 않던 지도가 스스로 펼쳐지는 모습을 보고 시우는 깜짝 놀랐다.

"아무리 봐도 이게 뭔지 모르겠어."

미나는 지도의 한 부분을 손가락으로 가리켰다.

"아무것도 없는데, 넌 뭐가 보여?"

"응, 여기 네모가 아홉 개나 있잖아."

시우는 또다시 깜짝 놀랐다. 시우에게는 여전히 검붉은 종이로밖에 보이지 않았다. 지도 속 그림은 미나에게만 보였다.

"뭐가 보이는지 잘 설명해 봐."

"네모 모양 아홉 개가 네 줄로 있고, 금색 도형이 돌고 있어."

미나가 말하는 것은 비밀 교실 지도가 분명했다.

"이거 뭔지 알아. 내가 비밀 교실 찾는 거 도와줄게. 대신 조건이 있어. 나도 비밀 교실에 들어가게 해 줘."

"알겠어. 비밀 교실은 어떤 곳이야?"

"말로 표현할 수 없을 만큼 환상적인 곳!"

동화 『비밀 교실 2』 | 글 소연 그림 유준재

읽기 쏙쏙 '오늘의 이야기'를 읽고 문어가 든 메달 안에 ○ 하세요.

눈으로 읽기

따라 읽기

혼자 읽기

내용 쏙쏙 읽은 내용을 떠올리며 문제를 해결해 봅시다.

1 미나가 시우에게 설명하고자 하는 것은 무엇인가요? (　　)

① 네모 금색 도형
② 비밀 교실 지도
③ 환상적인 그림

'조건'의 한자어는 '가지 조', '물건 건'으로 어떤 일이 성립되기 위해 갖추어야 하는 상태나 요소를 뜻해요!

2 시우에게 비밀 교실은 어떤 곳인가요? (　　)

① 비밀이 많아 가기 싫은 두려운 곳
② 친한 친구들끼리만 비밀을 서로 공유하는 곳
③ 말로 표현할 수 없을 만큼 환상적인 곳

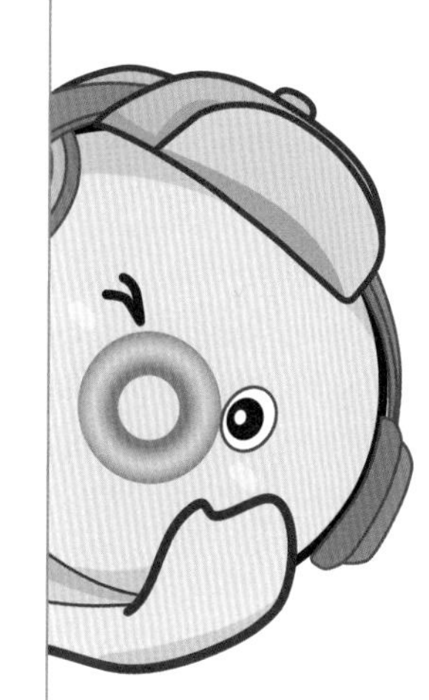

3 내가 생각하는 환상의 비밀 교실은 어떤 모습일지 상상하여 써 보세요.

낱말 쏙쏙

낱말을 따라 쓰고 또박또박 읽어 봅시다.

조	건
조	건

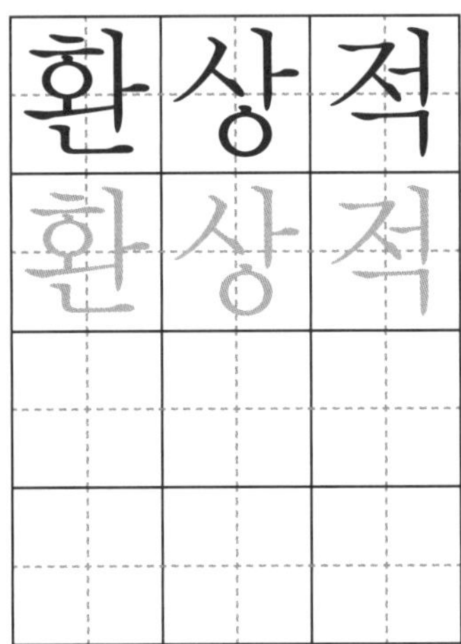

생각 따위가 현실적인 기초나 가능성이 없고 헛된 것을 '환상적'이라고 해요!

뜻을 생각하며 '환상적'을 넣어 짧은 문장을 지어 봅시다.

가족과 함께 새롭게 문을 연 놀이동산에 오니
꿈을 꾸듯 환상적이다.

생활 쏙쏙 현재 기술로 이루지 못하는 환상적인 내용의 문장에 ○, 아닌 것에 ×를 해 봅시다.

1. 어제 자동차를 타고 달에 다녀왔다. ☐

2. 동물 말을 알아듣는 기계로 강아지와 깊이 대화했다. ☐

3. 저녁 먹고 친구와 신나게 축구를 했다. ☐

4. 태양 에너지로만 움직이는 자동차로 여행을 다녀왔다. ☐

5일차 월 일

오늘의 이야기

쓰레기통이 된 책상

#개성 #이해심 #우정

모둠 자리에는 뜻밖에도 김은수가 일찍 와 있었다. 은수의 첫인상은 행동이 굼떠 보였는데 제법 부지런한 모양이었다. 은수는 아침부터 게임을 하는지 게임기에 코를 박고 있었다. 게임 레벨 올리기가 취미라더니 거의 휴대폰에 미친 것 같았다. 나는 은수에게 방해가 될까 봐 조심스럽게 내 자리로 갔다. 게임을 좋아하는 아이들은 대개가 신경이 예민했다.

'어?'

자리에 앉으려던 나는 멈칫했다. 뜻밖의 물건들이 책상 위에 널려 있었기 때문이다. 모서리에 떨어질 듯 말 듯 아무렇게나 걸쳐진 점퍼, 지퍼가 열린 필통, 부러진 연필과 시커멓게 때가 묻은 지우개 따위였다. 심지어 지저분한 지우개 똥까지 눈에 띄었다.

'뭐야, 얘는 혹시 내 책상을 쓰레기통으로 착각한 거 아니야?'

와락 기분이 나빠져 은수를 째려보았다. 그러나 은수는 내 기분을 아는지 모르는지 열심히 손가락만 놀리고 있었다. 할 수 없다. 저런 애와 다퉈 봤자 나만 손해라는 생각이 들었다.

동화 『뒤끝 작렬 왕소심』 | 글 원유순 그림 원유미

읽기 쏙쏙 '오늘의 이야기'를 읽고 문어가 든 메달 안에 ○ 하세요.

눈으로 읽기

따라 읽기

혼자 읽기

내용 쏙쏙 읽은 내용을 떠올리며 문제를 해결해 봅시다.

1 은수의 취미는 무엇인가요? (   )

① 운동 ② 그림 그리기 ③ 게임 레벨 올리기

2 주인공이 자기의 자리에 앉으려다 멈칫한 까닭은 무엇인가요? (   )

① 선생님께서 교실 정리를 하고 계셨기 때문에
② 자신의 책상이 쓰레기통처럼 더러워져 있었기 때문에
③ 학교에 너무 늦게 도착해서 지각을 했기 때문에

3 '손가락을 놀리다'의 '놀리다'와 같은 의미로 쓰인 문장은 무엇일까요? (   )

① 가람이는 나래에게 달리기가 느리다고 놀렸다.
② 다솜이가 입을 빠르게 놀렸다.
③ 라온이는 마루를 놀린 일을 반성하고 사과했다.

'놀리다'는 누군가를 웃음거리로 만든다는 뜻 외에도 신체 부위를 일정하게 움직이게 한다는 의미가 있어요. '손을 놀리다'는 손을 일정하게 움직이는 것을 뜻해요!

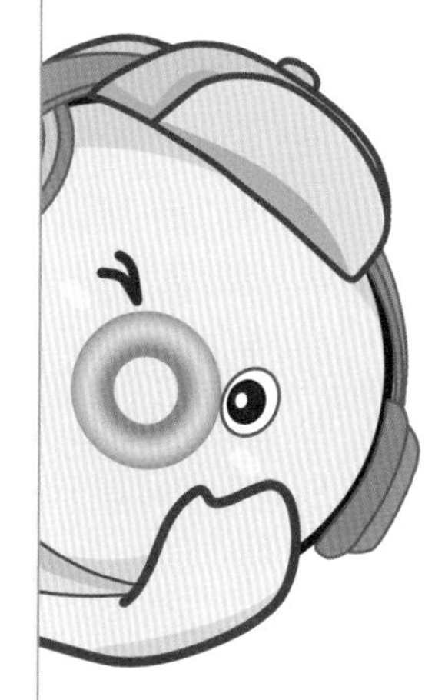

낱말 쏙쏙 낱말을 따라 쓰고 또박또박 읽어 봅시다.

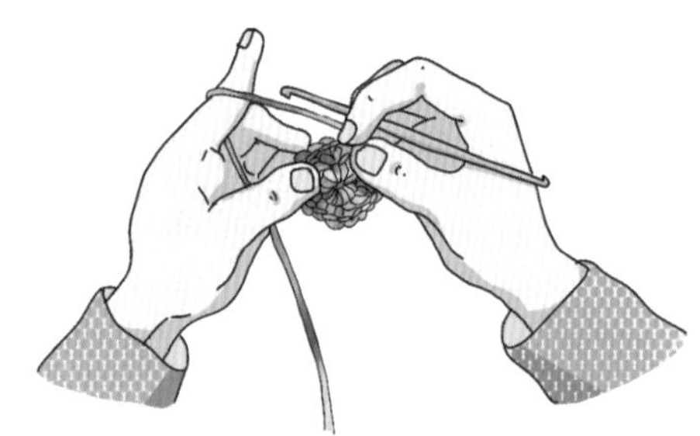

굼	뜨	다
굼	뜨	다

손	을		놀	리	다
손	을		놀	리	다

움직임, 동작이 답답할 정도로 매우 느린 모양을 '굼뜨다'라고 표현해요!

뜻을 생각하며 '굼뜨다'를 넣어 짧은 문장을 지어 봅시다.

우리 형은 살이 많이 쪄서 움직임이 굼뜨다.

생활 쏙쏙

움직임이 답답하고 굼뜬 사람을 '굼벵이 같다'라고 표현해요.
여러 모습들을 동물이나 곤충에 빗대어 표현해 봅시다.

너무 느린 사람

[ ] 같다.

너무 빠른 사람

[ ] 같다.

키가 큰 사람

[ ] 같다.

점프를 잘하는 사람

[ ] 같다.

무서운 사람

[ ] 같다.

굼벵이는 매미나 풍뎅이의 애벌레예요. 몸통이 굵고 다리가 짧아 동작이 느려요.
빗대어 표현하는 것은 곧바로 말하지 아니하고 비슷한 사물과 관련지어 설명하는 방법이에요.

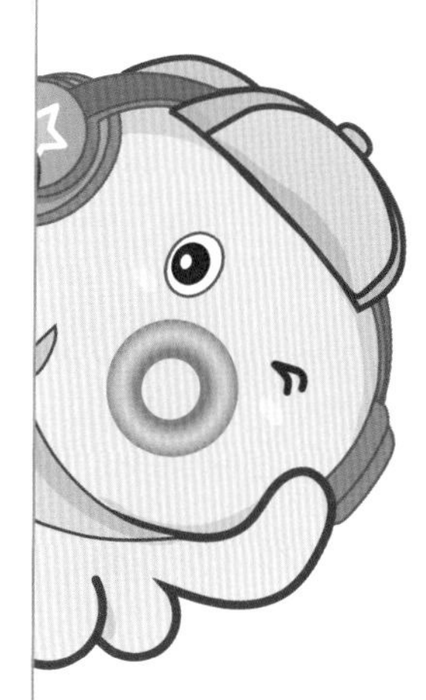

첫 번째 복습 마당

주어진 단어를 사용하여 다양한 상태를 나타내는 문장을 완성해 봅시다.

예

학교가(를): 재미있다, 간다, 높다, 좋아한다, 쉰다, 넓다

1 **친구를(가)**

2 **책이(을)**

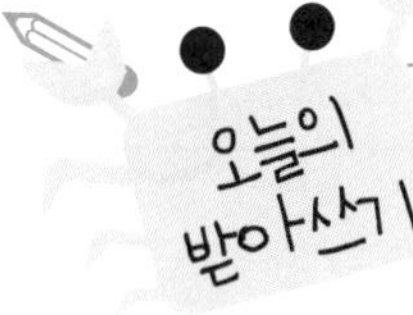

들려주는 낱말을 잘 듣고 빈칸에 써 봅시다.

① 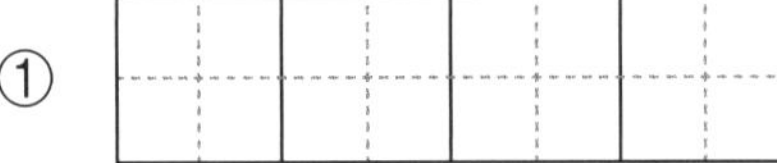

②  

③ 

④  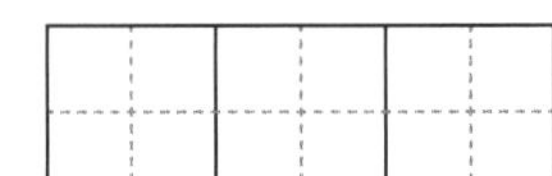

⑤ 

육각형 속의 물음에 바르게 답하며 헥스 게임을 해 봅시다.

게임 인원 : 2명
● 준비물 : 색연필 2개 (빨강, 파랑)
1. 각자 어느 색 변을 연결할지 정합니다. 빨강은 위아래, 파랑은 좌우의 변을 연결해야 합니다.
2. 서로 번갈아 가며 원하는 칸의 문제를 풀고 색연필로 칠합니다.
3. 승리 조건 : 자신이 선택한 색으로 두 변을 먼저 연결하는 사람이 승리!

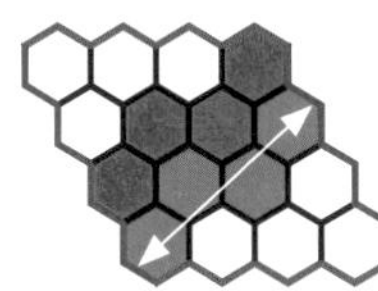
파랑이 승리한 경우
(파란색 변끼리 연결)

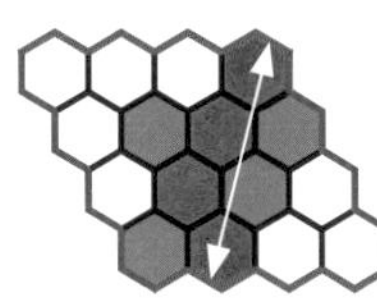
빨강이 승리한 경우
(빨간색 변끼리 연결)

ㄷㅈ하다 마음을 굳게 정하는 것	ㅇㅎ 비밀을 유지하는 약속 신호	ㄴㄷ 면적이 큰 것	ㅂㅇ 따라가서 작별하는 것
ㅎㅅㅈ 현실성이 없고 헛된 것	'청각'과 관련된 표현을 말해요. 예) 시끄럽다	□□이 넓다 다른 사람을 배려하는 것	'후각'과 관련된 표현을 말해요. 예) 매캐하다
□이 넓다 알고 지내는 사람이 많은 것	ㅈㄱ 어떤 일이 성립되기 위한 요소	'미각'과 관련된 표현을 말해요. 예) 달다	ㄱㄸㄷ 답답할 정도로 매우 느린 것
'시각'과 관련된 표현을 말해요. 예) 또렷하다	'손을 놀리다'의 뜻을 말해요.	□□□이 넓다 남의 일에 간섭을 많이 하는 것	'촉각'과 관련된 표현을 말해요. 예) 뜨겁다

6 일차 월 일

오늘의 이야기

축구공에 담긴 이야기

#고민 #소원 #상상력

미술 시간에는 종이로 축구공 만들기를 했어요. 두꺼운 종이를 오리느라 손이 아팠지만, 시간 가는 줄 몰랐어요. 육각형 모양들이 겹쳐진 부분에 꼼꼼하게 접착테이프를 붙였어요.

실제로 공을 만들 때는 손으로 바느질해서 꿰매야 좋은 공이 만들어진다고 해요. 민재는 공을 만들기 위해 힘들게 애써 주시는 분들에게 고마운 마음이 들었어요.

아이들이 종이공을 손에 들고 통통 튀기며 놀았어요. 여자아이들은 축구공 모자를 만들기도 했어요. 축구공 모양에 빨간 뿔이 두 개 솟아 있는 종이 모자였어요.

결승전 날에 축구공 모자를 쓰고 응원을 할 거래요.

민재는 틈틈이 아이들 모습을 그림으로 그렸어요. 종이 축구공을 가지고 노는 아이들과 축구공 모자를 쓰고 있는 아이들 모습이 도화지를 가득 메웠어요. 반 아이들 전체가 들어간 그림이었어요.

"와, 민재 그림에 우리가 다 들어가 있어!"

아이들은 민재 그림을 게시판에 자랑스레 붙여 놓았어요.

동화 『신기한 학교 매점』 | 글 이미현 그림 김미연

읽기 | 쏙쏙 '오늘의 이야기'를 읽고 문어가 든 메달 안에 ○ 하세요.

눈으로 읽기

따라 읽기

혼자 읽기

내용 쏙쏙 읽은 내용을 떠올리며 문제를 해결해 봅시다.

1 글 속의 내용과 다른 사실을 고르세요. (   )

① 미술 시간에 민재네 반은 종이로 축구공 만들기를 했다.
② 실제로 공을 만들 때는 기계로 바느질해야 좋은 공이 만들어진다.
③ 민재는 공을 만들기 위해 힘들게 애써 주시는 분들에게 고마운 마음이 들었다.

2 민재는 도화지를 가득 메워 어떤 그림을 완성했나요? (   )

① 민재네 가족의 모습이 담긴 그림
② 민재네 반 아이들의 모습이 담긴 그림
③ 민재가 좋아하는 축구공을 그린 그림

'메우다'는 어떤 공간을 가득 채우거나 비어 있는 곳을 막는 것을 의미해요!

3 아래 문장을 다시 읽고, 여자아이들이 만든 축구공 모자가 어떻게 생겼을지 상상하여 그려 보세요.

> 축구공 모양에 빨간 뿔이 두 개 솟아 있는 종이 모자였어요.

낱말 쏙쏙

낱말을 따라 쓰고 또박또박 읽어 봅시다.

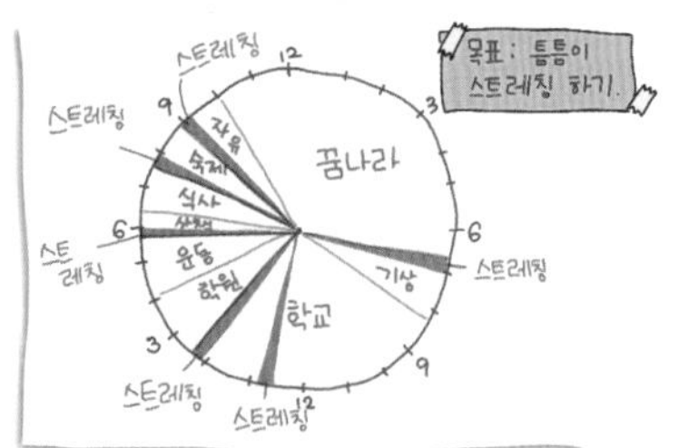

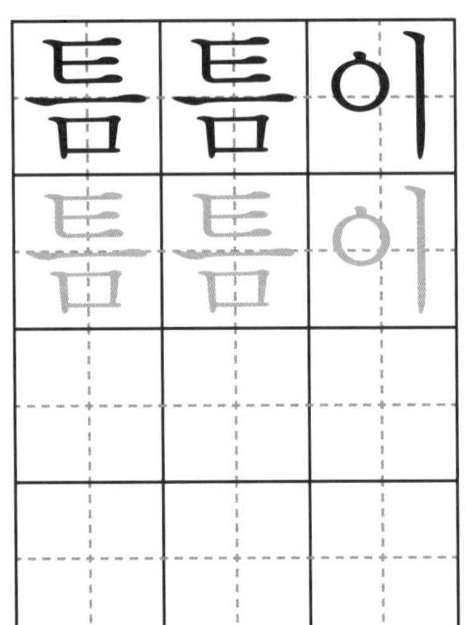

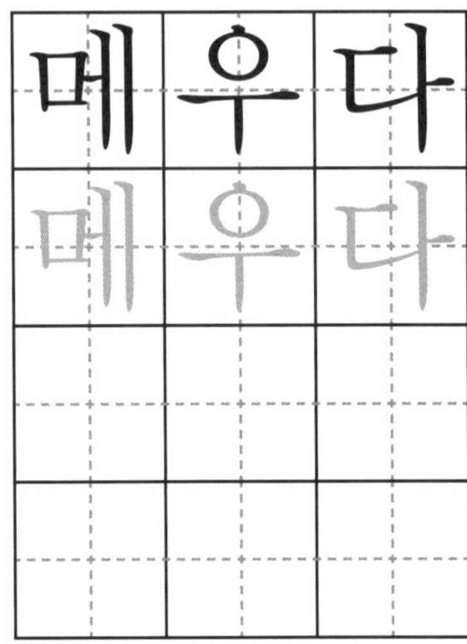

'틈틈이'는 어떤 일을 하기 위해 시간이나 상황이 괜찮을 때마다 그때그때 조금씩 하는 것을 의미해요!

뜻을 생각하며 '틈틈이'를 넣어 짧은 문장을 지어 봅시다.

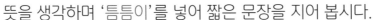

틈틈이 운동을 해야 건강을 유지할 수 있어요.

생활 쏙쏙 각 경기의 뜻을 정확히 알고 구분해 봅시다.

결승전: 마지막으로 승부를 가려 최후의 승자를 뽑는 경기
준결승전: 결승전에 나가기 위해 승부를 가리는 경기
준준결승전: 준결승전에 나가기 위해 승부를 가리는 경기

결승전 경기의 □ 안에는 '결'이라는 글자를,
준결승전 경기의 □ 안에는 '준'이라는 글자를,
준준결승전 경기의 □ 안에는 '준준'이라는 글자를 적어 보세요.

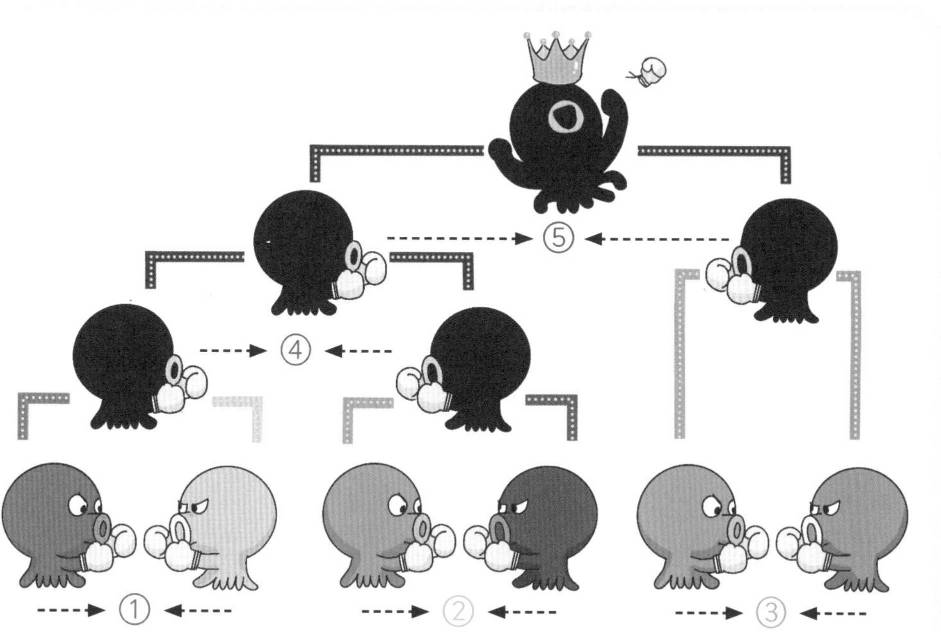

경기 ① : 빨간색 문어 VS 노란색 문어 — □

경기 ② : 파란색 문어 VS 갈색 문어 — □

경기 ③ : 초록색 문어 VS 회색 문어 — □

경기 ④ : 경기 ① 승자 VS 경기 ② 승자 — □

경기 ⑤ : 경기 ③ 승자 VS 경기 ④ 승자 — □

오늘의 이야기

사실은 말이야

#칭찬 #자존감 #정직

집에 가려고 운동장을 나오는데 누군가 나를 불렀어.

"오빠! 기훈이 오빠!"

이 목소리는? 돌아보지 않아도 알았지. 내 앞에 나타난 아이는 역시 솔미였어. 둘이 나란히 걸어가다가 궁금해서 물어보았어.

"너 지난번에 등나무 아래에 있었지? 내가 울타리 깨는 거 봤어?"

"응."

기운이 죽 빠졌어. 솔직히 말하면 솔미가 안 봤기를 바랐거든.

"왜 아는 척 안 했어?"

"오빠 창피할까 봐. 근데 그거 왜 물어?"

"어? 어…… 그냥."

뒤통수를 만지며 얼버무렸어. 사실은 말하고 싶었어. 그날 화나는 일이 있었는데 엉뚱한 데다가 화를 풀었다고. 잘못인 걸 알았지만 용기가 나지 않아서 처음에 선생님에게 말하지 못했다고. 그러다가 솔미가 붙여 주었던 스티커 자국을 보고 용기를 냈다고.

동화 『솔미표 방패 스티커』 | 글 박현경 그림 김준영

읽기 쏙쏙 '오늘의 이야기'를 읽고 문어가 든 메달 안에 ○ 하세요.

눈으로 읽기

따라 읽기

혼자 읽기

내용 쏙쏙 읽은 내용을 떠올리며 문제를 해결해 봅시다.

1 솔미가 지난번에 기훈이를 봤었는데 아는 척을 하지 않은 까닭은 무엇인가요? (　　)

① 기훈이가 창피할까 봐
② 기훈이가 무서울까 봐
③ 기훈이가 토라질까 봐

'화를 풀다'는 기분이 좋지 않을 때 화난 감정을 푸는 것을 의미해요. 화가 난 감정을 애꿎은 대상에게 푸는 것은 '화풀이하다'라고 표현해요!

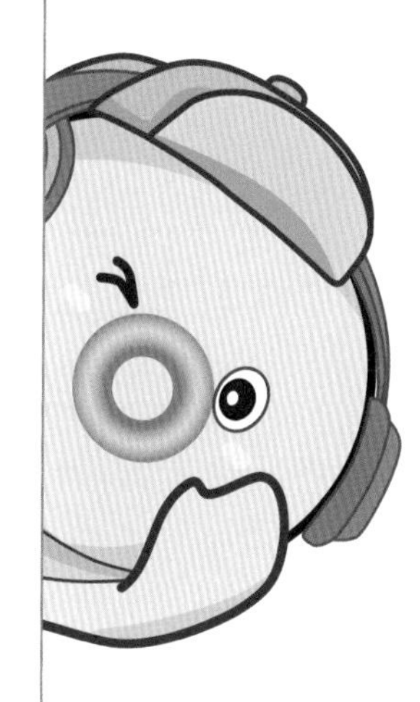

2 주인공은 화나는 일이 있었을 때 화를 풀기 위해 어떤 행동을 했나요? (　　)

① 그림 그리기　　② 등나무 꺾기　　③ 울타리 깨기

3 주인공이 용기를 낸 계기는 무엇인가요? (　　)

① 솔미가 그려 주었던 그림을 보고
② 솔미가 붙여 주었던 스티커 자국을 보고
③ 솔미의 진심 어린 응원을 듣고

낱말 쏙쏙

낱말을 따라 쓰고 또박또박 읽어 봅시다.

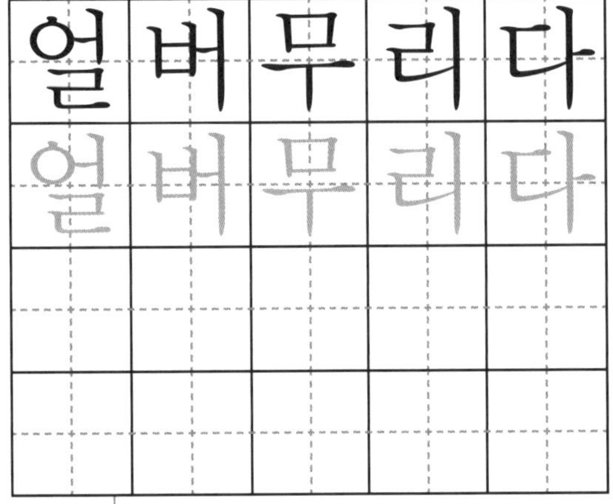

화	를		풀	다
화	를		풀	다

'얼버무리다'는 말이나 행동을 분명히 하지 않고 슬쩍 넘기는 것을 뜻해요!

뜻을 생각하며 '얼버무리다'를 넣어 짧은 문장을 지어 봅시다.

누나는 아버지의 물음에 대답을 얼버무리고 방으로 들어갔다.

화가 날 때, 내 마음을 편안하고 기분 좋게 하려면 어떤 방법이 좋을까요? 나만의 방법을 떠올려 그림이나 글로 표현해 봅시다.

기분이 상하거나 화나는 일이 있을 때는 적절한 방법으로 그 감정을 조절하거나 풀어 주는 것이 중요해요. 단, 누군가 다치거나 피해를 받지 않는 방법을 택해야 해요.

.... 의 화 푸는 비법

화난 이유 글로 써 보기

비법 ①

비법 ②

비법 ③

8 일차 월 일

오늘의 이야기

감사의 편지

#가짜 뉴스 #확증 편향 #친구

명철이가 자랑스럽게 손을 번쩍 들었다.

"선, 선생님, 제가 쓴 편지 읽어 주고 싶어요."

선생님께서 나오라는 손짓을 하시자 명철이는 신이 나서 나갔다. 아이들은 별 관심이 없는 듯 저네들끼리 떠들었다. 신기하게도 명철이가 더듬거리지 않고 편지를 읽기 시작했다.

고우미 선생님과 김마리 선생님께

고우미 선생님, 저와 우리 아빠의 심리 상담 치료를 해 주셔서 고맙습니다. 그래서 제가 말을 많이 더듬지 않게 되었고 우리 아빠가 저를 더 이상 때리지 않아요. 처음에 상담하기 싫어서 소리 지른 것 죄송해요. 이제는 상담 시간이 기다려져요.

김마리 선생님, 저에게 노래를 가르쳐 주셔서 감사합니다. 공부방에 가서 공부할 때 제가 가수가 되고 싶다고 하니까 제게 노래를 가르쳐 주셔서 이제는 노래가 세상에서 제일 좋아졌어요. 노래를 부르면 마음이 펑 뚫려요. 노래가 제 속의 상처를 만져 주는 것 같아요.

커서 훌륭한 가수가 되어서 고우미 선생님과 김마리 선생님께 받은 은혜를 저처럼 어려운 아이에게 갚겠습니다.

동화 『비겁한 구경꾼』 | 글 조성자 그림 이영림

읽기 쏙쏙 '오늘의 이야기'를 읽고 문어가 든 메달 안에 ○ 하세요.

눈으로 읽기

따라 읽기

혼자 읽기

내용 쏙쏙 읽은 내용을 떠올리며 문제를 해결해 봅시다.

'더듬거리다'는 말을 원활하게 하지 못하고 자꾸 막히는 것을 의미해요! 무엇을 찾거나 알아보려고 이리저리 자꾸 만지는 것, 기억을 되살리려고 이리저리 생각하는 경우에도 쓰이는 표현이에요.

1 명철이는 말할 때 어떤 특징을 보였나요? (　　)

① 말할 때마다 딸꾹질이 나는 것
② 목소리가 점점 커지는 것
③ 말을 더듬거리는 것

2 명철이의 장래 희망은 무엇인가요? (　　)

① 선생님　② 가수　③ 운동선수

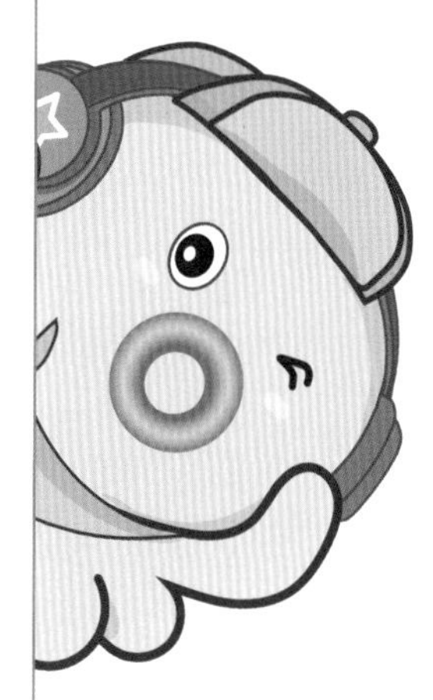

3 명철이가 상담을 통해 바뀐 것이 아닌 것은 무엇인가요? (　　)

① 말을 많이 더듬지 않게 되었다.
② 아빠가 때리지 않는다.
③ 공부를 잘할 수 있게 되었다.

낱말 쏙쏙 낱말을 따라 쓰고 또박또박 읽어 봅시다.

더	듬	거	리	다
더	듬	거	리	다

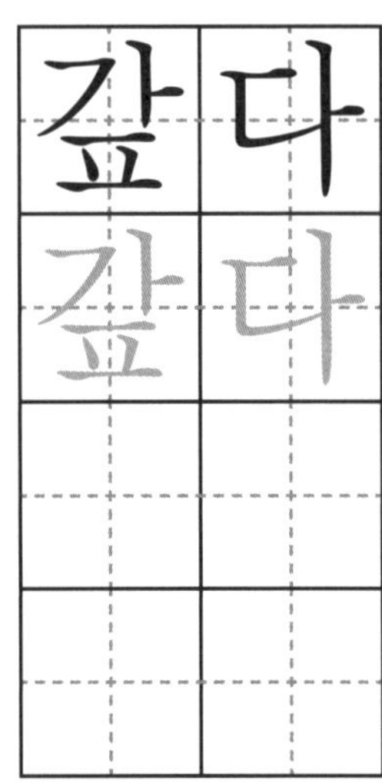

남에게 빌리거나 신세 진 것을 그에 상당하게 돌려줄 때 '갚다' 라고 표현해요!

뜻을 생각하며 '갚다'를 넣어 짧은 문장을 지어 봅시다.

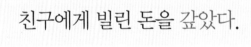

친구에게 빌린 돈을 갚았다.

생활 쏙쏙 평소 감사한 마음을 표현하고 싶었던 대상이 있나요?
편지글의 형식에 맞춰 진심이 담긴 감사 편지를 써 봅시다.

<편지글의 형식>

받을 사람 - 첫인사 - 전하고 싶은 말 - 끝인사 - 쓴 날짜 - 쓴 사람

께

년 월 일

드림

9일차 월 일

오늘의 이야기

진짜 친구

#존중 #이성 친구 #다양성

강우가 생각났다는 듯 물었다.

"너 방학식 날 기억나니? 그날 너 우리 집에 왔었잖아."

"너네 집? 아니야. 너네 앞집 미진 아줌마네로 심부름 간 거였어."

"그랬던 거니? 그날 난 진짜 놀랐어. 내가 난리 치고 뛰쳐나왔는데, 네가 거기 우뚝 서 있지 뭐야. 근데 네가 날 보고 막 울더라고. 너 왜 그랬어? 난 이해가 안 됐거든. 네가 왜 거기 서 있는 건지. 그리고 왜 나를 보고는 펑펑 우는 건지? 너, 혹시 나 때문에 울었던 거야? 내가 너무 한심하고 불쌍해서?"

"내가 너 때문에 울었다고? 그럴 리가……?"

그때 내가 왜 울었더라? 머릿속이 간질간질했다. 곧 상자째 버린 컬러 렌즈가 생각났다. 렌즈 대신 다른 얘기를 했다.

"강우야, 나 어디서 읽었는데 진짜 친구라면 말이야, 힘들 땐 혼자 견디기보다 친구한테 어깨를 기댈 줄 알아야 한대. 그런 사이가 진짜 친구래. 어때, 좋은 말이지?"

나는 머뭇거리다가 이렇게 덧붙였다.

"내 어깨 필요하면 말해. 빌려 줄게."

동화『그때 너 왜 울었어?』| 글 박현경 그림 이영환

읽기 쏙쏙 '오늘의 이야기'를 읽고 문어가 든 메달 안에 ○ 하세요.

눈으로 읽기

따라 읽기

혼자 읽기

내용 쏙쏙 읽은 내용을 떠올리며 문제를 해결해 봅시다.

1 강우가 방학식 날 했던 행동은 무엇인가요? (　　)

① 집 앞에서 울고 있는 친구를 위로했다.
② 도서관에 책을 반납하였다.
③ 집에서 난리 치고 뛰쳐나왔다.

난리의 한자어는 '어지러울 난(란)', '떠날 리'예요. 사고 등으로 질서가 없이 어지럽고 소란스러운 상태를 뜻하고, 작은 소동을 비유적으로 이를 때도 쓰여요!

2 주인공이 생각하는 진짜 친구는 어떤 사람인가요? (　　)

① 힘들 때 혼자 견디면서 친구가 모르게 하는 사람
② 힘들 때 친구한테 어깨를 기댈 줄 아는 사람
③ 힘들 때 모든 어려운 부분을 해결해 주는 사람

3 친구를 문 앞에서 맞닥뜨린 강우의 감정은 어땠을까요? (　　)

① 힘차고 당당하다.
② 부끄럽고 당황스럽다.
③ 친구를 만나 반갑고 기쁘다.

낱말 쏙쏙 낱말을 따라 쓰고 또박또박 읽어 봅시다.

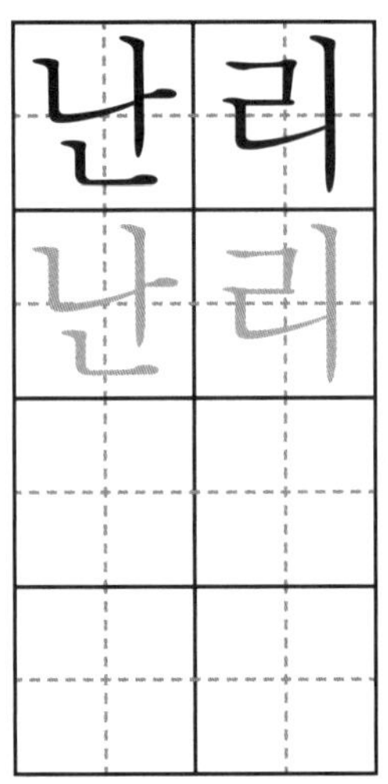

간	질	간	질
간	질	간	질

자꾸 간지러운 느낌이 들거나 참기 어려울 정도로 자꾸 어떤 일을 하고 싶어 하는 상태를 '간질간질'이라고 표현해요!

뜻을 생각하며 '간질간질'을 넣어 짧은 문장을 지어 봅시다.

겨울에 목이 간질간질하더니 그만 감기에 걸렸다.

생활 쏙쏙 만화를 읽으며 나에게도 이해할 수 없는 경험이 있었는지 떠올려 봅시다.

내 말을 오해하고, 상대가 화를 낸 경험이 있나요? 그 상대에게 내 마음을 표현하는 편지를 써 봅시다.

음원 재생 찰칵!

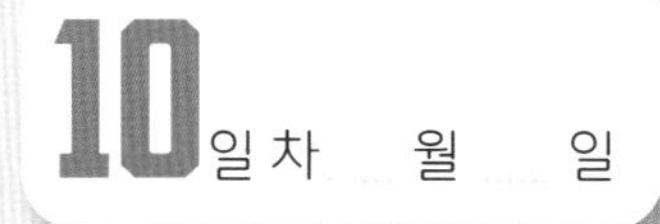

오늘의 이야기

공부는 힘들어

#배려 #가치 #이해

"그래, 현지야, 기죽지 마. 민석이가 학원을 다섯 개 다니면 넌 여섯 개 다니면 되고, 민석이가 열 시간 공부하면 넌 스무 시간 공부하면 돼."

엄마와 아빠는 나를 위로한답시고 이렇게 말했지만, 나는 기분이 하나도 좋아지지 않았어. 오히려 앞으로 민석이를 이기기 위해 학원을 더 다녀야 한다고 생각하니 앞이 까마득해지면서 가슴이 터질 것처럼 답답해졌어.

솔직하게 고백하자면, 나는 공부하는 게 너무 힘들어. 학원에 다니는 것이 정말 괴로워. 공부가 없는 세상에서 살면 얼마나 좋을까, 하고 가끔 생각해. 물론 공부를 잘하고는 싶어. 공부를 못하고 싶은 아이가 세상에 어디 있겠어?

지난 추석 때 보름달을 보며 소원을 빈 적이 있어. 나의 가장 큰 소원은 공부를 잘하고 다른 아이들을 이겨서 1등을 하는 거였지. 그것이 어떤 것이든지 상관없어. 경쟁에서 이겨서 무조건 1등을 하는 게 나한테는 중요해. 그래야 빛이 나니까. 그래야 부모님의 사랑을 더 받고, 선생님의 칭찬을 더 받고, 친구들에게 인기를 끌 수 있으니까.

동화 『어느 날 갑자기』 | 글 서지원 그림 심윤정

읽기 쏙쏙 '오늘의 이야기'를 읽고 문어가 든 메달 안에 ○ 하세요.

눈으로 읽기

따라 읽기

혼자 읽기

내용 쏙쏙 읽은 내용을 떠올리며 문제를 해결해 봅시다.

1 현지가 너무 힘들다면서 잘하고 싶어 하는 것은 무엇인가요? (　　)

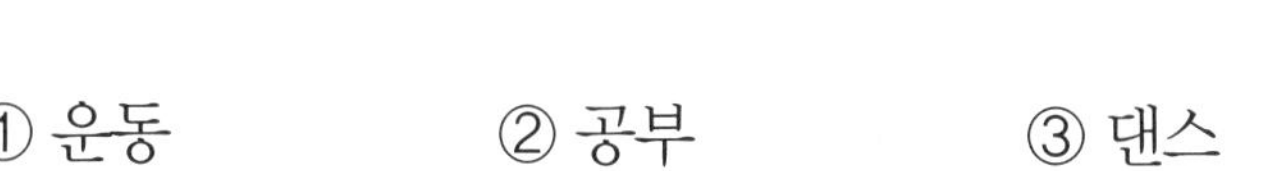

① 운동　　② 공부　　③ 댄스

'위로'의 한자어는 '위로할 위', '수고로울 로'예요. 따뜻한 말이나 행동으로 수고로움을 달래는 것을 말해요!

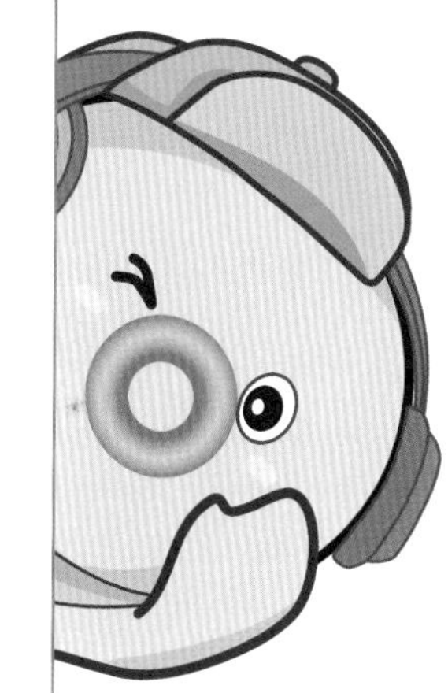

2 현지가 가슴이 터질 것처럼 답답해진 이유는 무엇인가요? (　　)

① 학원을 더 다녀야 한다고 생각하니 답답했다.
② 저녁에 먹은 음식이 소화되지 않아서 답답했다.
③ 좋아하는 사람에게 고백하지 못해서 답답했다.

3 현지가 보름달을 보고 빈 소원은 무엇인지 써 보세요.

____

____

____

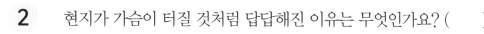

낱말 쏙쏙 낱말을 따라 쓰고 또박또박 읽어 봅시다.

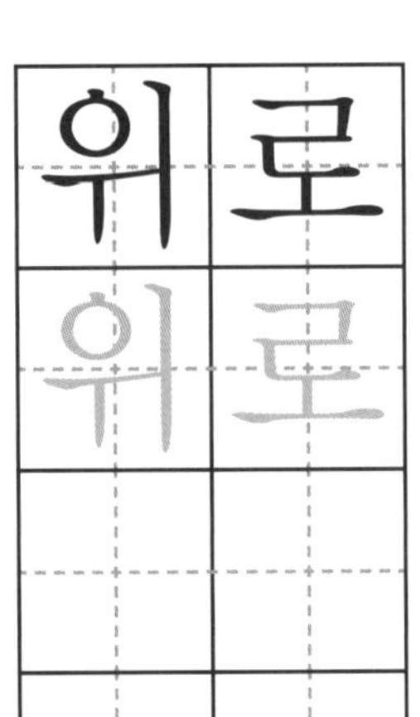

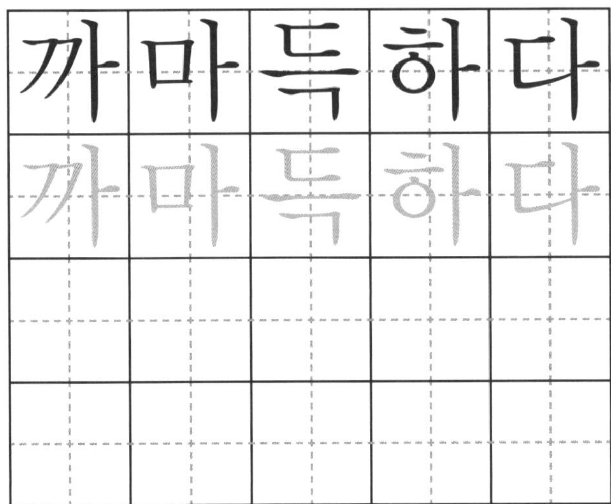

거리가 매우 멀어 보이는 경우 또는 앞으로 어떻게 해야 할지 막막한 상태를 '까마득하다'라고 해요!

뜻을 생각하며 '까마득하다'를 넣어 짧은 문장을 지어 봅시다.

친구와 놀이동산에 도착하려면 아직도 까마득하다.

생활 쏙쏙 공부와 꿈에 대해 생각하며 다음 만화를 읽고, 빈칸을 채워 봅시다.

공부하기 너무 힘들어요.

많이 힘드니?

이렇게 힘든 공부를 왜 하는지 모르겠어요.

노랑이는 하고 싶은 일이나 되고 싶은 게 있니?

저는 세계 일주를 하고 싶고, 과학자가 되고 싶어요.

그래, 꿈을 이루면 다른 이들과 나누고 싶은 건 뭐니?

다리가 불편한 이들에게 로봇 다리를 만들어 걷게 해 주고 싶어요.

멋지구나. 노랑이가 하고 싶은 것, 나누고 싶은 꿈을 위해 무엇을 준비해야 할까?

저는 꿈을 이루기 위해

____

____

____

네 노력을 응원할게. 공부 외에 때때로 친구와 신나게 노는 것도 중요하다는 걸 기억하며 힘내렴.

두 번째 복습 마당

그림자 힌트를 보며 빈칸을 채운 뒤, 두 글자를 합해 새로운 낱말을 완성해 봅시다.

□전

무궁□ → □□로

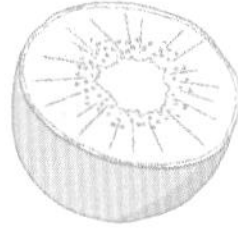

□위

□산 → □□는

□방구

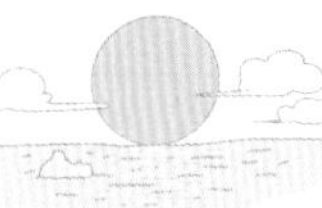

□돋이 → □□력

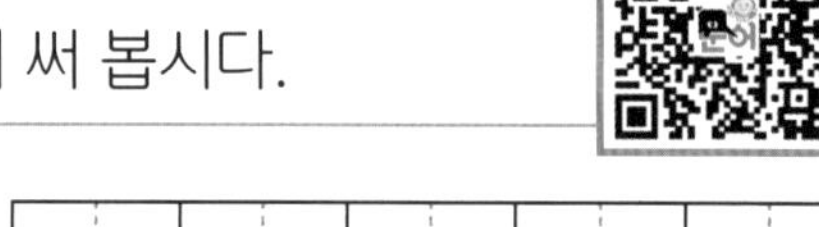

들려주는 낱말을 잘 듣고 빈칸에 써 봅시다.

① □□□

② □□□□□

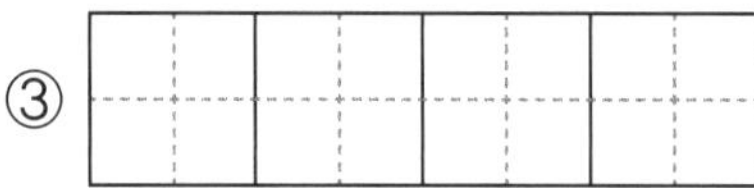

③ □□□□

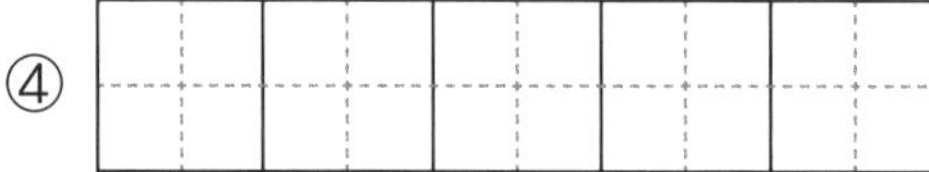

④ □□□□□

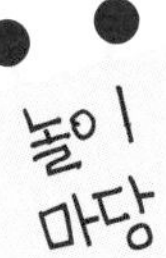

암호를 풀어 쓰고, 미션을 완성해 봅시다.

놀이 방법
1. 암호 해독 힌트를 보고 암호를 풀어 빈칸에 써 보세요.
2. 암호를 푼 뒤, 완성된 두 문장을 소리 내어 읽어 보세요.

이것은 무엇일까요?	암호 풀어 쓰기
① **B1 B9B B1 D9D G1 D1H N1B C1**	
② **I5N H9B J10B A7 C510 A10**	

암호 해독 힌트

알파벳	A	B	C	D	E	F	G	H	I	J	K	L	M	N
자음	ㄱ	ㄴ	ㄷ	ㄹ	ㅁ	ㅂ	ㅅ	ㅇ	ㅈ	ㅊ	ㅋ	ㅌ	ㅍ	ㅎ

숫자	1	2	3	4	5	6	7	8	9	10
모음	ㅏ	ㅑ	ㅓ	ㅕ	ㅗ	ㅛ	ㅜ	ㅠ	ㅡ	ㅣ

두 개의 암호를 풀어 쓴 문장 가운데 마음에 드는 것을 고르고 이유를 써 봅시다.

나는 ______________________ 을(를) 골랐습니다.

왜냐하면 ______________________ 때문입니다.

오늘의 이야기

깨작공주의 꼼수

#유튜브 #성취감 #직업 정신

나래는 인기 아이돌 못지않게 몸매를 관리한다. 그래서 항상 급식을 콩알만큼 받아 오고, 반찬도 대부분 남긴다. 나래라면 틀림없이 남긴 밥과 반찬을 선생님 몰래 처리하는 꼼수가 있을 거다. 그 꼼수가 무엇인지 밝히는 과정을 카메라에 담아야 한다.

〈깨작공주의 꼼수!〉

상상만 해도 감이 왔다. 구독자 수가 쑥쑥 불어날 생각을 하니, 가슴이 콩닥거렸다. 셀카 봉을 쥔 손이 가볍게 떨렸다. 짐작한 대로 나래는 젓가락으로 밥알을 하나하나 세고 있었다. 깨작공주다운 행동이었다. 나는 나래의 젓가락을 향해 카메라를 바짝 들이댔다. 밥알을 세다시피 먹는 나래의 표정을 옮기면 재미있을 것 같았다.

나래가 젓가락을 내던지며 인상을 팍 썼다.

"아, 싫다고. 지겨워 죽겠어."

나래가 신경질적으로 셀카 봉을 탁 밀쳤다. 어찌나 세게 쳤던지 셀카 봉에 달려 있던 휴대폰이 바닥으로 탁 떨어지고 말았다.

순식간에 당한 일이라 휴대폰을 잡을 틈도 없었다. 얼른 액정 화면부터 확인했다. 다행히 멀쩡했다.

동화 『세상을 바꾸는 크리에이터』 | 글 원유순 그림 심윤정

읽기 쏙쏙 '오늘의 이야기'를 읽고 문어가 든 메달 안에 ○ 하세요.

눈으로 읽기

따라 읽기

혼자 읽기

내용 쏙쏙 읽은 내용을 떠올리며 문제를 해결해 봅시다.

1 나래가 평소 급식을 먹는 모습은 어떠한가요? (   )

① 편식하지 않고 음식을 골고루 먹는다.
② 좋아하는 음식만 골라 먹는다.
③ 밥과 반찬을 깨작거리며 거의 먹지 않는다.

'깨작거리다'는 '깨지락거리다'의 준말로 먹기 싫은 듯이 억지로 천천히 먹는 것, 조금 달갑지 않은 듯 게으르게 행동하는 것을 의미해요!

2 주인공이 나래에게 잘못한 점은 무엇인가요? (   )

① 급식을 빼앗아 먹었다.
② 허락을 받지 않고 영상을 찍었다.
③ 나래의 휴대폰을 던졌다.

3 바닥에 떨어진 휴대폰을 바라보는 주인공의 표정을 상상하여 그려 보세요.

낱말 쏙쏙 낱말을 따라 쓰고 또박또박 읽어 봅시다.

깨	작	거	리	다
깨	작	거	리	다

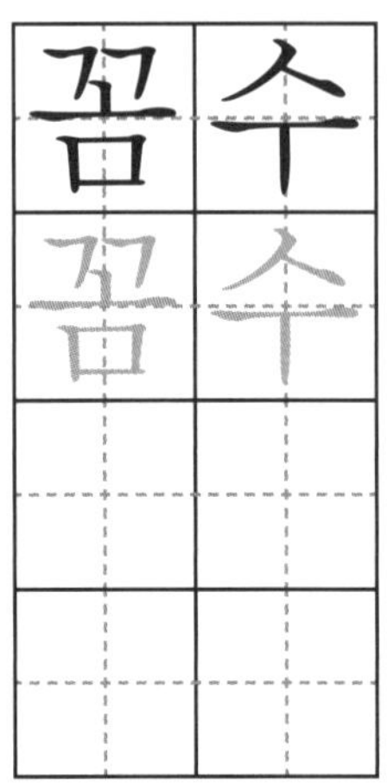

꼼	수
꼼	수

치사하거나 비겁한 방법으로 이득을 보려는 것을 '꼼수'라고 표현해요!

뜻을 생각하며 '꼼수'를 넣어 짧은 문장을 지어 봅시다.

형은 숙제가 하기 싫어서 꼼수를 부렸다.

생활 쏙쏙 사이버상에서 지켜야 할 바른 예절을 찾아 ○, × 중 알맞은 것을 따라가며 미로찾기를 해 봅시다.

출발

다른 사람의 사진을 함부로 찍어도 된다.

인터넷에서 다른 사람에게 악플을 달면 안 된다.

친구가 원하지 않는데 단체 채팅방에 초대하면 안 된다.

당신은 사이버 예절왕

도착

친구의 사진 정도는 허락 없이 채팅방에 올려도 된다.

음원 재생 찰칵!

12일차 월 일

오늘의 이야기

레오의 만능 간장

#재치 #즐거움 #학교생활

다음 날 점심시간에도 레오의 간장은 인기 폭발이었다. 아이들은 선생님 눈치를 보며 잽싸게 국에다 간장을 뿌렸다. 레오는 그 모습을 흡족하게 바라보면서 국을 떠먹었다.

"음, 바로 이 맛이야."

심심하게 끓인 쇠고기뭇국에도 만능 간장은 아주 잘 어울렸다.

점심시간이 끝날 무렵, 아이들은 또 레오에게 몰려왔다.

"그 간장 넣으니까 진짜 맛있어. 너희 엄마 음식 솜씨 정말 좋으시다."

"레오는 집에서도 매일 맛있는 것만 먹겠네."

레오는 그냥 씩 웃었다. 아이들 말처럼 집에서 매일 맛있는 것만 먹으면 정말 좋겠다는 생각이 들었다. 하지만 그랬다면 레오 스스로 만능 간장을 만들어 볼 생각은 하지 못했을 것이다.

요리에 재능이 있다는 걸 깨닫지도, 커서 영양사가 되어 볼 생각도 못 했을 거다. 이게 다 엄마가 요리를 못한 덕분이다.

"내일도 간장 가져올 거야?"

"그럼, 그럼."

레오는 내일 간장을 더 많이 가져와야겠다고 생각했다.

동화 『레오의 기절초풍 초등 생활』 | 글 이수용 그림 정경아

읽기 쏙쏙 '오늘의 이야기'를 읽고 문어가 든 메달 안에 ○ 하세요.

눈으로 읽기

따라 읽기

혼자 읽기

내용 쏙쏙 읽은 내용을 떠올리며 문제를 해결해 봅시다.

1 레오가 친구들을 흡족하게 바라본 이유는 무엇인가요? (　　)

① 자신의 꿈을 응원해 주었기 때문에
② 엄마의 음식 솜씨를 칭찬해 주었기 때문에
③ 만능 간장을 국에 뿌려 맛있게 먹었기 때문에

'심심하다'는 지루하고 재미가 없다는 뜻 외에도 음식의 맛이 싱겁다는 뜻으로도 쓰여요!

2 급식으로 나온 쇠고기뭇국의 맛은 어떠했나요? (　　)

① 너무 짠맛
② 너무 싱거운 맛
③ 너무 단맛

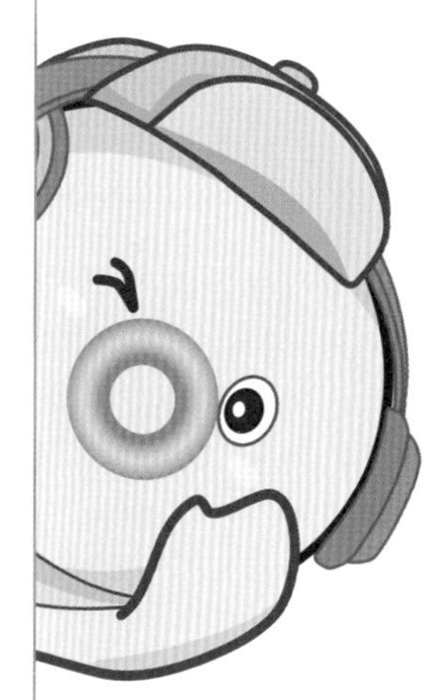

3 레오에 대한 설명으로 옳지 않은 것은 무엇인가요? (　　)

① 어머니께서 음식 솜씨가 좋아 매일 맛있는 것만 먹는다.
② 직접 만능 간장을 만들었다.
③ 요리에 재능이 있고 장래 희망은 영양사다.

낱말 쏙쏙

낱말을 따라 쓰고 또박또박 읽어 봅시다.

흡	족	하	다
흡	족	하	다

심	심	하	다
심	심	하	다

모자람 없이 매우 만족한 상태를 '흡족하다'라고 표현해요!

뜻을 생각하며 '흡족하다'를 넣어 짧은 문장을 지어 봅시다.

오늘 맛있는 음식을 많이 먹어 마음이 흡족하다.

생활 쏙쏙

내가 잘 먹지 못하는 음식을 그리고, 레오에게 음식 맛을 좋게 바꿔 주는 만능 간장을 빌려 달라는 편지를 써 봅시다.

내가 잘 먹지 못하는 음식(재료) : ______________________

레오에게

안녕? 레오야, 나는 ______________ (이)라고 해.

내가 너에게 편지를 쓰는 이유는 만능 간장을 빌리기 위해서야.

나는 ______________ 을/를 잘 먹지 못해.

왜냐하면 ______________________ 때문이야.

너의 만능 간장이 있다면 맛있게 먹어 볼 수 있을 것 같아.

꼭 부탁해. 그리고 너의 꿈을 응원해~!

______ 월 ______ 일

______________ (이)가

13 일차 월 일

오늘의 이야기

벅찬 감정으로 터진 눈물샘

#감사
#기회
특별한 시간

인하의 따듯한 시선이 소현이의 눈에 닿았다. 문득 소현이는 인하가 시력을 잃지 않고 자신을 보고 있는 지금의 현실이 이해되지 않았다. 카이의 말대로라면 인하는 이미 시력을 모두 잃었어야 한다. 하지만 인하는 아주 정확하게 자신을 바라보고 있다.

"말도 안 돼. 그렇다면……."

소현이는 카이가 말한 규칙을 다시 떠올렸다. 그리고 지금 상황에 비추어 생각하고 또 생각해 보았다.

'시력을 기부 받은 사람에게 그 사실을 삼 년 안에는 절대 말하면 안 돼. 자기 입으로 드러내는 순간, 선행은 그저 자랑이 될 뿐이지.'

그리고 보니 소현이는 인하에게 자기 입으로 직접 시력 기부에 대한 말을 한 적이 없다. 그리고 삼 년 동안 거짓말을 한 적도 없다. 다만 인하가 삼 년이 되기 전에 눈치를 챈 것뿐이다. 생각이 여기까지 이르자 갑자기 벅찬 감정이 차올랐다. 그녀의 눈물샘은 또다시 터져 버렸다. 지금 그녀의 눈에서 흐르는 눈물은 기쁨을 주체할 수 없어서 쏟아져 나오는 행복의 눈물이다.

동화 『카이로스의 시간 상점 1』 | 글 김용세 그림 이영환

읽기 쏙쏙 '오늘의 이야기'를 읽고 문어가 든 메달 안에 ○ 하세요.

눈으로 읽기

따라 읽기

혼자 읽기

내용 쏙쏙 읽은 내용을 떠올리며 문제를 해결해 봅시다.

1 소현이를 바라보고 있는 인하의 시력은 어떠한가요? (　　)

① 시력을 모두 잃어 아무것도 보이지 않는다.
② 시력을 거의 잃어 앞을 잘 볼 수 없다.
③ 앞에 있는 사람을 정확히 바라볼 수 있을 정도의 시력이다.

'기부'는 자신이 가진 물질이나 재능과 같은 것을 다른 사람에게 아무런 대가 없이 공짜로 주는 것을 의미해요!

2 글의 내용으로 보아 인하에게 시력을 기부한 사람은 누구인가요? (　　)

① 카이
② 소현

3 인하가 시력을 잃지 않은 이유를 비로소 깨달은 소현이가 흘린 눈물은 어떤 의미를 담고 있나요? (　　)

① 너무 슬퍼서 흘러내리는 눈물
② 기쁨을 주체할 수 없어 흘리는 행복의 눈물

낱말 쏙쏙

낱말을 따라 쓰고 또박또박 읽어 봅시다.

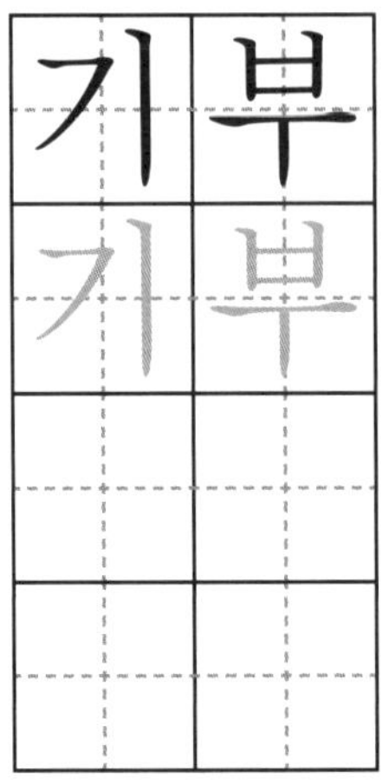

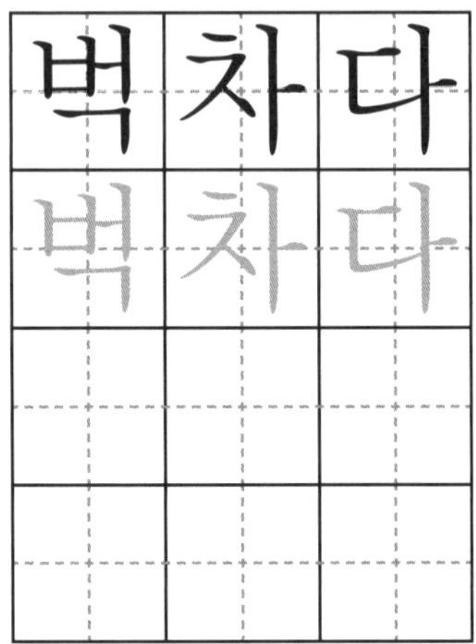

어떤 감정이 마음에 넘칠 듯이 가득하거나 어떤 일이 나에게 너무 무리한 경우를 나타낼 때 '벅차다'라고 해요!

뜻을 생각하며 '벅차다'를 넣어 짧은 문장을 지어 봅시다.

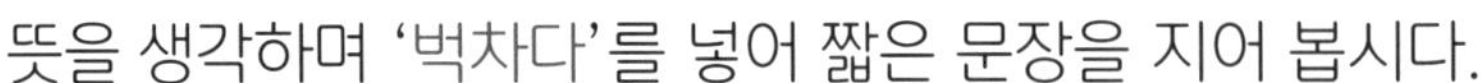

방학을 앞둔 학생들은 벅찬 마음을 숨기지 못했다.

가슴 벅찬 경험을 떠올려 보고, 그때 내 마음이 어땠는지 글과 그림으로 표현해 봅시다.

예시

가슴 벅찬 경험	글로 쓰기	그림으로 나타내기
운동장에서 넘어져 다친 친구를 도와주었을 때	친구가 고맙다고 해서 기분이 좋았다.	
피아노 경연 대회에 나가 상을 받았을 때	처음 대회에 나갔는데 상을 받아서 놀랍고 기분이 좋았다.	피아노 경연 대회

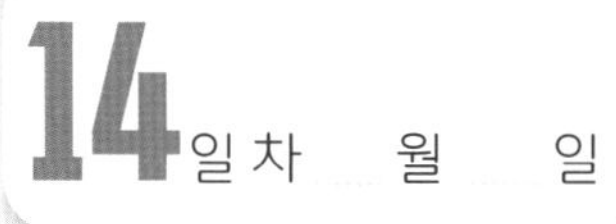

음원 재생 찰칵!

오늘의 이야기

바위와 물의 우정

#모험 #용기

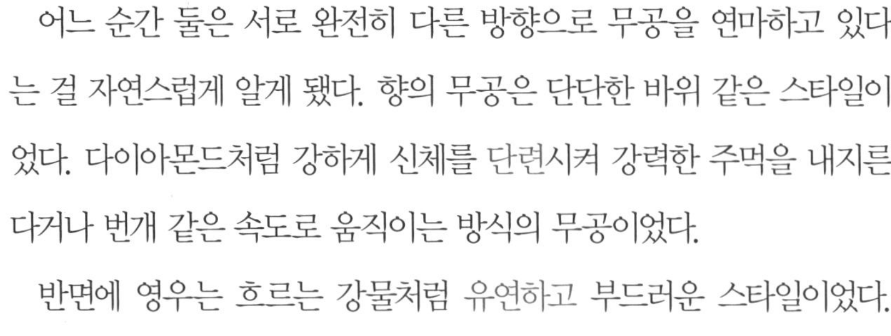

어느 순간 둘은 서로 완전히 다른 방향으로 무공을 연마하고 있다는 걸 자연스럽게 알게 됐다. 향의 무공은 단단한 바위 같은 스타일이었다. 다이아몬드처럼 강하게 신체를 단련시켜 강력한 주먹을 내지른다거나 번개 같은 속도로 움직이는 방식의 무공이었다.

반면에 영우는 흐르는 강물처럼 유연하고 부드러운 스타일이었다. 팔을 곡선으로 부드럽게 움직여 상대의 약점을 찾아 공격하거나, 물이 흐르는 것처럼 몸을 움직여 어떤 공격도 부드럽게 피하고 상대방의 힘을 이용해 다시 공격하는 방식의 무공이었다.

이렇게 전혀 다른 스타일은 둘의 무공을 연마하는 데에 큰 도움이 되었다. 향은 바위 같은 단단함을 가진 대신 부드러움이 없었고, 영우는 물처럼 부드럽지만 바위 같은 단호함이 없었기 때문에 서로가 부족한 점을 배울 수 있었다. 그리하여 둘의 무공 실력은 짧은 시간 안에 몇 단계를 뛰어넘으며 빠르게 성장해 나갔다.

"널 알게 돼서 정말 좋아. 내 무공 실력이 이렇게 늘 줄은 몰랐어."

영우가 말하자, 향도 고개를 끄덕였다.

동화 『여하튼 둘이 함께 최강의 무공』 | 글 이승민 그림 이경석

읽기 쏙쏙 '오늘의 이야기'를 읽고 문어가 든 메달 안에 ○ 하세요.

눈으로 읽기

따라 읽기

혼자 읽기

내용 쏙쏙 읽은 내용을 떠올리며 문제를 해결해 봅시다.

1 향의 무공과 관련이 없는 단어는 무엇인가요? (　　)

① 다이아몬드
② 번개
③ 곡선

'유연하다'는 부드럽고 연하다는 뜻과 침착하고 여유가 있다는 뜻을 갖고 있어요!

2 서로 관련 있는 것끼리 선을 이어 보세요.

향 •	• 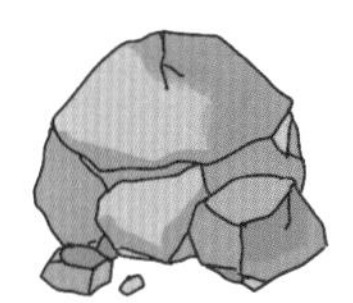 •	• 단단함 • 부드러움
영우 •	•  •	• 강력함 • 유연함

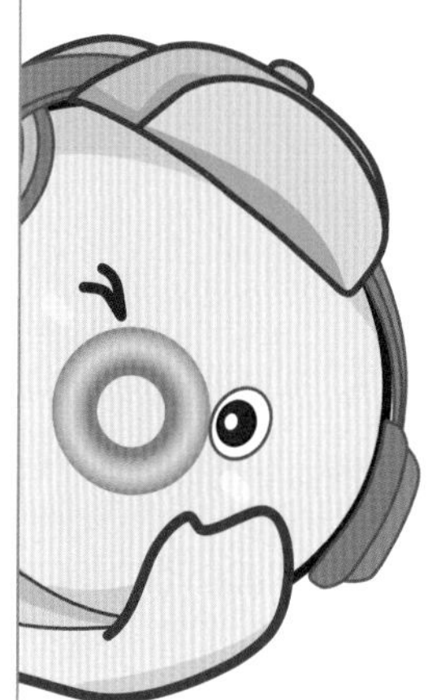

3 글 속의 내용과 일치하지 않는 것은 무엇인가요? (　　)

① 향과 영우는 서로 다른 방식의 무공을 연마하고 있었다.
② 향과 영우의 무공 실력은 아주 오랜 시간에 걸쳐 천천히 성장해 나갔다.
③ 향과 영우는 서로에게 부족한 점을 배울 수 있었다.

낱말 쏙쏙

낱말을 따라 쓰고 또박또박 읽어 봅시다.

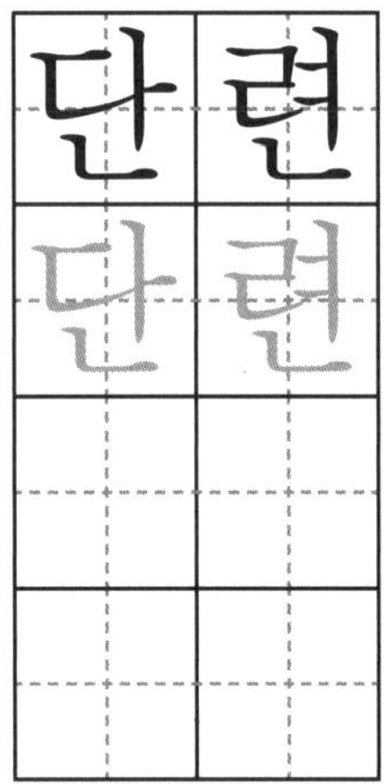

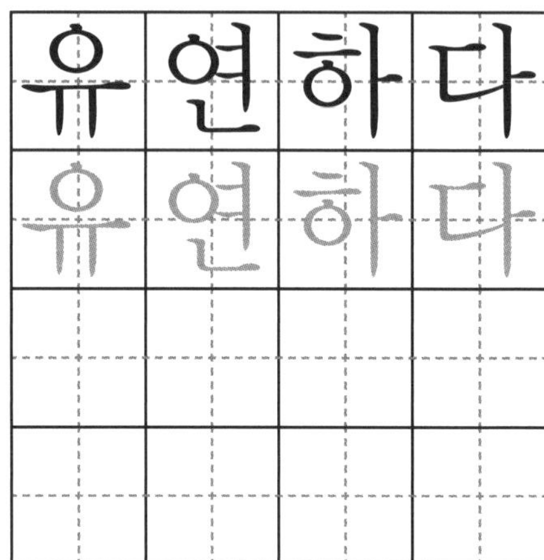

'단련'은 어떤 일을 여러 번 반복하여 익숙하게 되는 것, 몸과 마음을 굳세게 한다는 뜻이에요!

뜻을 생각하며 '단련'을 넣어 짧은 문장을 지어 봅시다.

이제 단련이 되어 줄넘기 300번을 해도 힘들지 않아요.

내 주변 친구들을 떠올려 보고, 멋진 점과 본받을 점을 써 봅시다.

예시

친구 이름	친구의 멋진 점	본받을 점
김문어	매일 아침에 웃는 얼굴로 친구들에게 인사해요.	주변 사람들에게 밝게 인사하기.

나와 비슷한 성향을 지닌 친구와 어울리는 것은 즐거워요. 나와 다른 성향을 지닌 친구와 서로 부족한 점을 배워 나가는 것도 멋진 일이에요.

15일차 월 일

오늘의 이야기

레디, 액션!

#존중 #칭찬 #특별한 시간

캐리 박 감독의 신호가 떨어지자 퓨전 사극『철종 왕후』의 남주와 여주가 코믹한 로맨스를 연기하기 시작했다.

"아니, 넌…… 아까 그?"

"어허, 무엄하도다. 난 조선의 25대 임금이니라. 어서 그 손에 든 요망한 것을 내려놓지 못할꼬!"

철종 역을 맡은 인하가 호통치듯 말하며 스마트폰을 바라보았다.

"이건 요망한 게 아니라 스마트폰이라는 거야. 그런데 이게 왜 안 터지는 거야?"

"아니, 그게 무슨 폭약이라도 되는 거요? 그런 작은 물건이 터져 봤자 얼마나……."

"어휴, 너 때문에 스마트폰이 아니라 내 속이 팡팡 터지게 생겼어."

"컷! 아주 좋아. 역시 인하랑 소현이 케미는 따라갈 커플이 없다니까. 너희 둘 아주 쭉 같이 로코 남주, 여주 해라!"

캐리 박 감독의 격한 칭찬을 받고 촬영장을 나온 인하와 소현이는 서로를 그윽한 눈으로 바라보며 자몽 블랙티를 들이켰다.

동화『카이로스의 시간 상점 1』| 글 김용세 그림 이영환

읽기 쏙쏙 '오늘의 이야기'를 읽고 문어가 든 메달 안에 ○ 하세요.

눈으로 읽기

따라 읽기

혼자 읽기

내용 쏙쏙 읽은 내용을 떠올리며 문제를 해결해 봅시다.

'터지다'는 어떤 것 안에 든 내용물을 싸고 있던 것이 찢어지거나 부서지는 경우를 뜻하고, 전화가 상대방과 연결되는 경우에도 쓰여요!

1 드라마 촬영 중 철종 임금 역을 맡은 남주가 여주에게 내려놓으라고 한 '요망한 것'은 무엇을 말하나요? (　　)

① 폭약　　② 스마트폰　　③ 자몽 블랙티

2 '터지다'의 다양한 뜻을 생각하며 속뜻에 맞게 연결해 보세요.

스마트폰이 터지다. ●		● 억눌린 감정이 쏟아져 나오다.
폭약이 터지다. ●		● 전파가 잡히다.
속이 터지다. ●		● 열기가 세차게 퍼져 나가다.

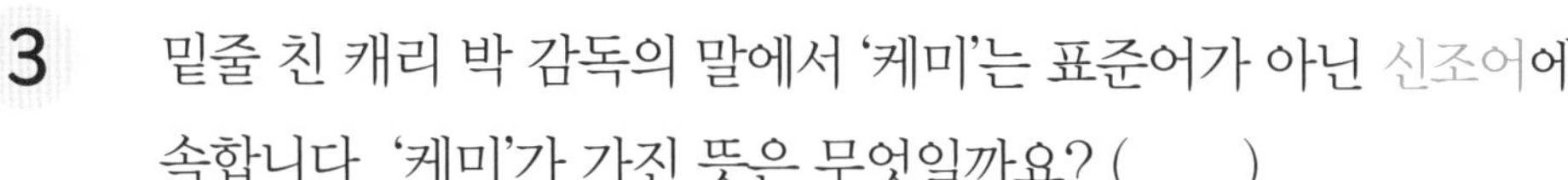

3 밑줄 친 캐리 박 감독의 말에서 '케미'는 표준어가 아닌 신조어에 속합니다. '케미'가 가진 뜻은 무엇일까요? (　　)

① 아주 재미있다는 것을 의미하는 말

② 두 사람이 서로 주고받는 호흡을 뜻하는 말

신조어: 신조어는 새로 생겨난 말이나 새로 들어온 외래어를 의미해요.
여러 가지 말을 합쳐서 줄여 만들거나 외래어와 우리말이 섞여 생겨나기도 해요.

예시) 로코 : 로맨틱 코미디를 줄여 만든 말
여주·남주 : 여자 주인공과 남자 주인공을 줄여 만든 말

낱말 쏙쏙 낱말을 따라 쓰고 또박또박 읽어 봅시다.

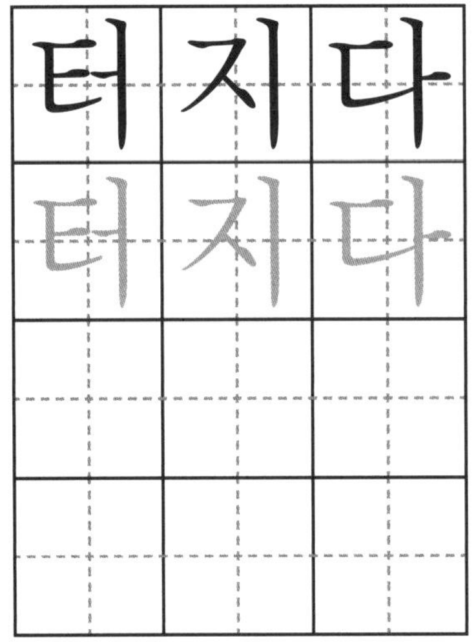

느낌이 은근한 경우, 생각이 깊고 아늑한 경우, 또는 무언가에 대한 생각이 간절한 경우를 '그윽하다'라고 표현해요!

뜻을 생각하며 '그윽하다'를 넣어 짧은 문장을 지어 봅시다.

결혼을 앞둔 신랑과 신부가 서로를
그윽한 눈으로 바라보았다.

생활 쏙쏙 배우가 되었다고 상상하며 '철종 왕후' 연기를 해 봅시다.

제목 : 철종 왕후

나오는 이들

- 철 종(연기자 :) : 조선 25대 임금, 차분하면서 호기심 많은 성격
- 강소현(연기자 :) : 현대에서 타임머신을 타고 와 철종 왕후의 몸에 영혼이 들어간 여자, 현대에서의 이름은 강소현이고 톡톡 튀는 성격

무대 장치

- 궁전 뜰로 꾸민 교실, 연못 그림이 바닥 중앙에 놓여 있다.

철종이 연못가를 거닐고 있는데 갑자기 강소현이 앞을 보지 않고 달려가다 철종과 부딪힌다.

강소현 : (머리를 감싸며) 아야!

철 종 : (불편한 듯한 얼굴로) 에헴.

강소현 : (깜짝 놀란 표정으로) 아니, 넌…… 아까 그?

철 종 : (호통치듯) 어허, 무엄하도다! 난 조선의 25대 임금이니라. (강소현이 들고 있는 스마트폰을 바라보며) 어서 그 손에 든 요망한 것을 내려놓지 못할꼬!

강소현 : (철종을 바라보며 어이없는 표정으로) 이건 요망한 게 아니라 스마트폰이라는 거야. (스마트폰을 마구 휘저으며 몹시 짜증이 난 목소리로) 그런데 이게 왜 안 터지는 거야?

철 종 : (갑자기 움츠러들며 호기심에 찬 얼굴로) 아니, 그게 무슨 폭약이라도 되는 거요? 그런 작은 물건이 터져 봤자 얼마나…….

강소현 : (휴대폰을 들지 않은 손으로 자기 가슴을 내리치며) 어휴, 너 때문에 스마트폰이 아니라 내 속이 팡팡 터지게 생겼어.

철종은 자기가 잘못한 게 없는데 답답해하는 강소현을 바라보며 이해할 수 없다는 표정을 짓는다.

세 번째 복습 마당

주어진 낱말을 사용하여 <예>와 같이 다양한 상태를 나타내는 서술어를 완성해 봅시다.

예 흡족하다 → 흡족(하고) 흡족(하며) 흡족(해서)

1 그윽하다 → 그윽(　　　) 그윽(　　　) 그윽(　　　)

2 벅차다 → 벅차(　　　) 벅차(　　　) 벅차(　　　)

들려주는 낱말을 잘 듣고 빈칸에 써 봅시다.

① 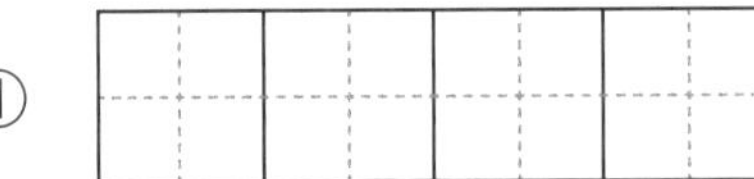

② 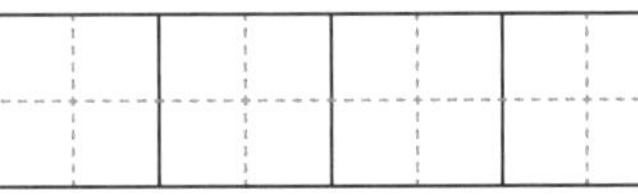

③ 

④ 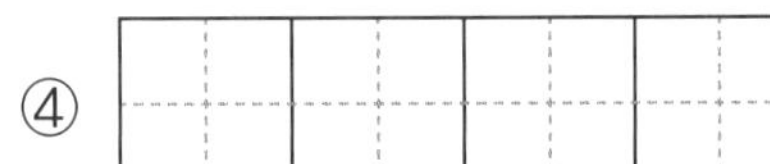

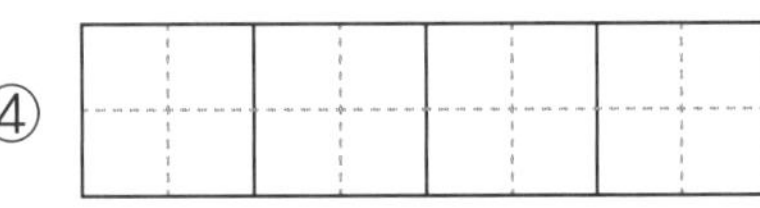

⑤ 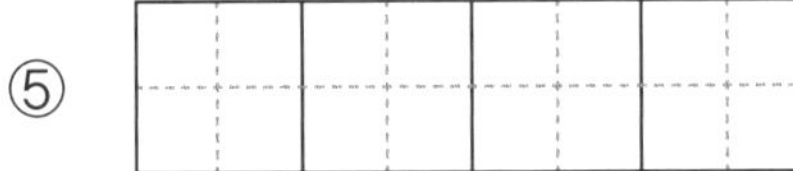

여러분에게 누군가의 시간과 바꿀 수 있는 기회가 있다면 어떤 시간과 바꾸고 싶은가요? 글과 그림으로 표현해 봅시다.

예시

* 노란 구슬은 한 시간, 파란 구슬은 하루, 빨간 구슬은 인생 전부를 바꿀 수 있습니다.

1. 바꾸고 싶은 시간	피아니스트의 시간
2. 그 시간을 고른 까닭	평소 달리기는 잘하지만 피아노를 잘 치는 친구들이 부러워서
3. 내어 주어야 하는 시간	달리기를 잘하는 시간
4. 구슬 색깔	파란 구슬
5. 그 구슬을 고른 까닭	① 피아노를 잘 칠 수 있는 시간이 하루면 충분할 것 같아서 ② 나에게 있는 시간을 모두 바꾸고 싶지 않아서 ③ 한 시간은 멋진 연주를 하기에 너무 짧을 것 같아서
6. 그 시간을 사용하고 있는 나의 모습	나는 친구들 앞에서 멋진 피아노곡을 연주하며 즐거워하고 있다. 친구들이 부러운 눈으로 바라본다.

1. 바꾸고 싶은 시간	
2. 그 시간을 고른 까닭	
3. 내어 주어야 하는 시간	
4. 구슬 색깔	
5. 그 구슬을 고른 까닭	
6. 그 시간을 사용하고 있는 나의 모습	

오늘의 이야기

좋은 게 좋다

#관계 #존중 #가족의 의미

아라가 도란이를 물끄러미 바라보더니 입을 열었다.

"도란아, 나는 연우 앞에서 네가 우리 집 이야길 하면 싫을 것 같아."

도란이가 무슨 뜻이냐는 듯 멀뚱멀뚱한 눈으로 아라를 봤다. 무안해진 내가 괜찮다는 뜻으로 손사래를 치려고 할 때였다.

"연우도 별로 친하지 않은 내 앞에서 철우 얘기 하면 싫지 않을까?"

"아…… 연우야, 미안."

도란이가 아라와 나를 번갈아 보더니, 바로 사과했다.

우리 셋은 어색함을 감추기 위해 누가 먼저라고 할 것 없이 덜 익은 컵라면을 먹기 시작했다. 도란이가 학원 시간 늦었다며 헐레벌떡 나간 후 나는 아라에게 고맙다고 했다. 그러자 아라가 이렇게 말했다.

"아무리 친한 사이여도 싫으면 싫다고 하면 안 돼? 참지 말고 말이야."

아라가 내 속을 들여다보고 있는 것 같아 좀 놀랐다.

"나는 그게 잘 안 돼."

나한테는 정말 어려운 일이다. 부모님과 살 때도 그랬지만 할머니와 살면서는 내 의견을 더 말하지 않았다. '좋은 게 좋다.'가 어느새 내 성격이 돼 버린 것 같았다.

동화 『슬리퍼』 | 글 조현미 그림 김주경

읽기 쏙쏙 '오늘의 이야기'를 읽고 문어가 든 메달 안에 ○ 하세요.

눈으로 읽기

따라 읽기

혼자 읽기

내용 쏙쏙 읽은 내용을 떠올리며 문제를 해결해 봅시다.

1 손사래를 치려고 한 사람은 누구인가요? (　　)

① 연우　　② 아라　　③ 철우

'손사래'는 어떤 말이나 사실에 대해 아니라는 의미로 손을 펴서 휘젓는 것을 뜻해요!

2 도란이가 '나'에게 사과를 한 까닭은 무엇인가요? (　　)

① 주인공과 친하지 않은 아라 앞에서 철우 이야기를 하여서
② 주인공과 친하지 않은 아라와 함께 컵라면을 먹게 되어서
③ 도란이와 같이 놀다 학원 시간에 늦어서

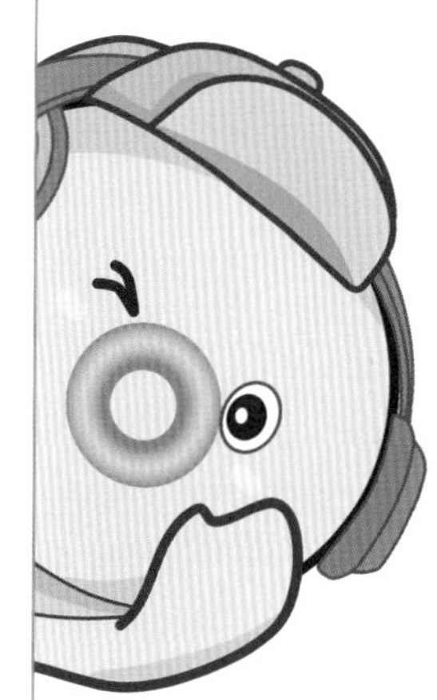

3 '나'에게 정말 어려운 일은 무엇인가요? (　　)

① 어색함을 감추는 것
② 미안한 마음을 표현하는 것
③ 싫으면 싫다고 표현하는 것

낱말 쏙쏙

낱말을 따라 쓰고 또박또박 읽어 봅시다.

무	안	하	다
무	안	하	다

손	사	래
손	사	래

'무안하다'는 부끄럽거나 당황스러워서 누군가와 마주하기 힘들 때 사용하는 표현이에요!

뜻을 생각하며 '무안하다'를 넣어 짧은 문장을 지어 봅시다.

내가 먼저 반갑게 인사했는데,
친구가 그냥 지나쳐서 무안했다.

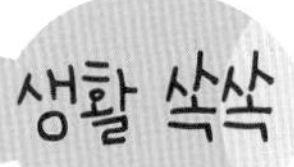

친구 사이에 지켜야 할 예절을 묻는 질문에 ○, × 중 알맞은 답을 골라 ○ 표시를 해 봅시다.

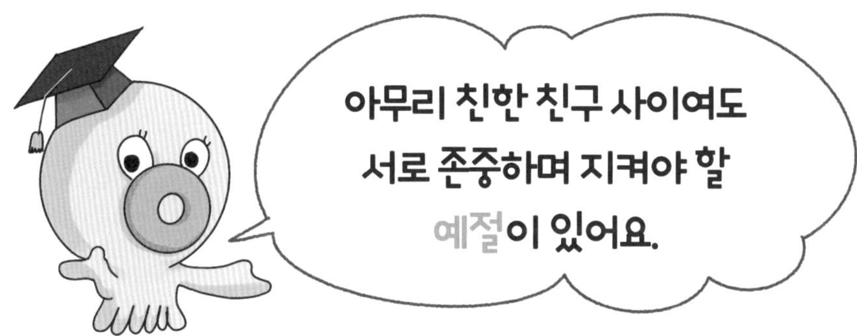

아무리 친한 친구 사이여도
서로 존중하며 지켜야 할
예절이 있어요.

번호	질문	정답	
1	친구의 물건을 빌릴 때 허락을 구하지 않고 그냥 가져가도 괜찮다.	○	×
2	친구가 내게 말한 비밀을 다른 사람에게 이야기해서는 안 된다.	○	×
3	친구가 어떤 의견을 말했을 때 무조건 동의해야 한다.	○	×
4	친구가 어려운 일을 겪을 때 위로와 격려를 해 주도록 노력한다.	○	×
5	나와 친한 친구더라도 남의 가정사를 함부로 이야기하지 않는다.	○	×
6	친구와 만나기로 한 약속 시간은 지키지 않아도 된다.	○	×
7	나와 다른 친구의 취향을 서로 존중해야 한다.	○	×
8	친구에게 상처를 받았을 때, 속상한 마음을 표현하고 대화로 해결한다.	○	×
9	친구가 이야기를 할 때 하고 싶은 행동을 하며 대충 들어도 된다.	○	×
10	내 친구는 나랑만 친해야 하고 다른 친구와 친하게 지내면 안 된다.	○	×

17 일차 월 일

오늘의 이야기

친구 마음 훔치기

#진실함 #친구 #학교생활

친하지도 않고 싸우기까지 했는데 내 게임 아이디어를 봐 달라고 부탁하면 거북이는 이렇게 생각할 거다.

"흥, 나처럼 인기를 끌고 싶어서 이러는군."

나는 절대 인기를 끌고 싶어서 그러는 게 아니다. 이런 고민을 수용이한테 이야기했더니, 거북이와 친해지는 방법을 알려 준다고 했다.

"친해지려면 오도룡, 네가 거북이의 마음을 훔쳐야 해."

"도둑이 되라고? 그건 절대 안 돼."

어디 될 게 없어서 도둑이 된담.

"답답해. 누가 물건 훔치는 도둑이 되라고 했어? 하긴 내 말이 좀 어렵기는 하지. 머리가 좋아야 알아들을 수 있어."

내 머리가 나쁘다는 말 같아서 기분이 나빴다.

"우리 형한테 배운 말이야. 우리 형이 중학교 3학년인 거는 알지? 우리 형은 중학교 3학년이 되기까지 총 열일곱 명의 여자 친구를 사귀었거든. 완전 인기 짱이야. 공부도 못하고 얼굴도 별로인데, 왜 인기가 있는 줄 알아? 상대방의 마음을 훔치는 기술이 뛰어난 도둑이거든."

동화 『잘 훔치는 기술』 | 글 박현숙 그림 조히

읽기 쏙쏙 '오늘의 이야기'를 읽고 문어가 든 메달 안에 ○ 하세요.

눈으로 읽기

따라 읽기

혼자 읽기

내용 쏙쏙 읽은 내용을 떠올리며 문제를 해결해 봅시다.

1 거북이와 친해지고 싶은 사람은 누구인가요? (   )

① 수용 ② 도룡 ③ 수용이 형

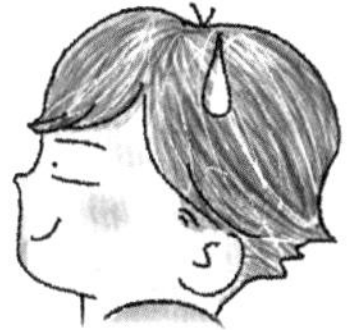

'방법'의 한자어는 '모 방', '법 법'으로, 일이나 연구를 해 나가는 길이나 수단을 뜻해요!

2 수용이가 말한 도둑이 된다는 것은 어떤 뜻인가요? (   )

① 친구 물건을 훔치는 일
② 친구 마음을 얻는 일
③ 친구에게 지식을 배우는 일

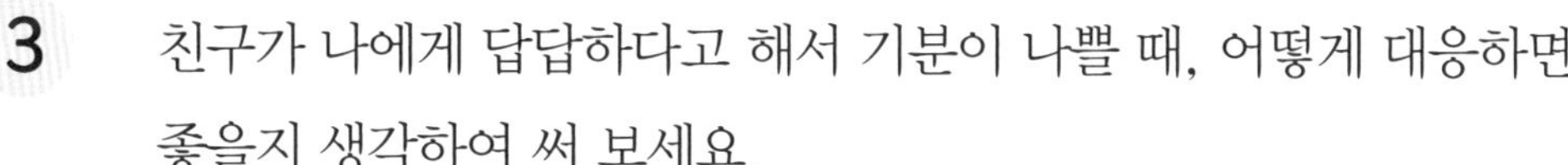

3 친구가 나에게 답답하다고 해서 기분이 나쁠 때, 어떻게 대응하면 좋을지 생각하여 써 보세요.

____

____

____

낱말 쏙쏙 낱말을 따라 쓰고 또박또박 읽어 봅시다.

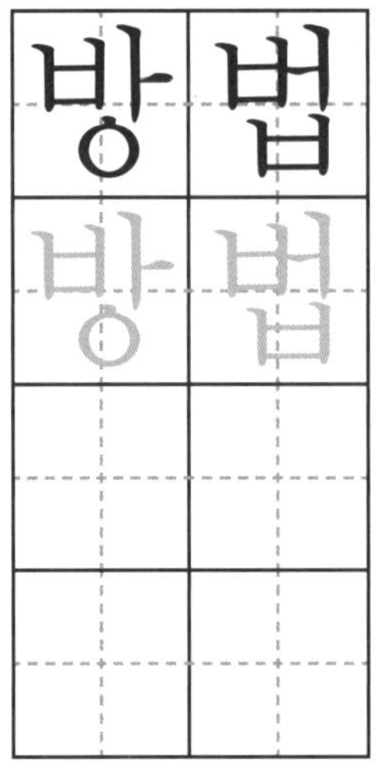

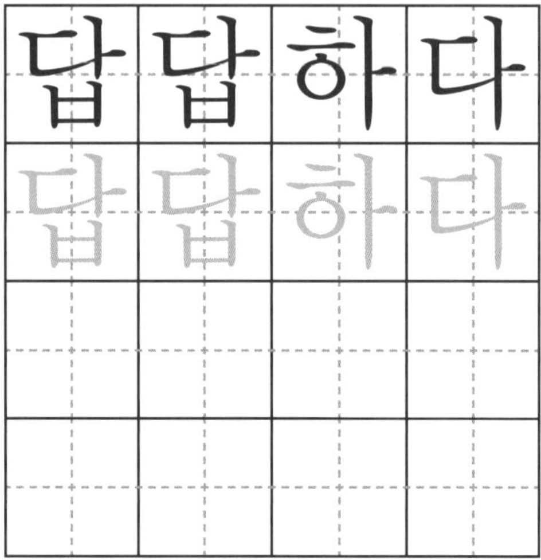

숨이 막힐 듯이 갑갑하고 안타까운 것을 '답답하다' 라고 표현해요!

뜻을 생각하며 '답답하다'를 넣어 짧은 문장을 지어 봅시다.

숙제를 집에 두고 와서 마음이 답답하다.

생활 쏙쏙 친구의 마음을 얻기 위한 방법으로 알맞은 칸에 색칠하며 길을 찾고, 내 생각을 써 봅시다.

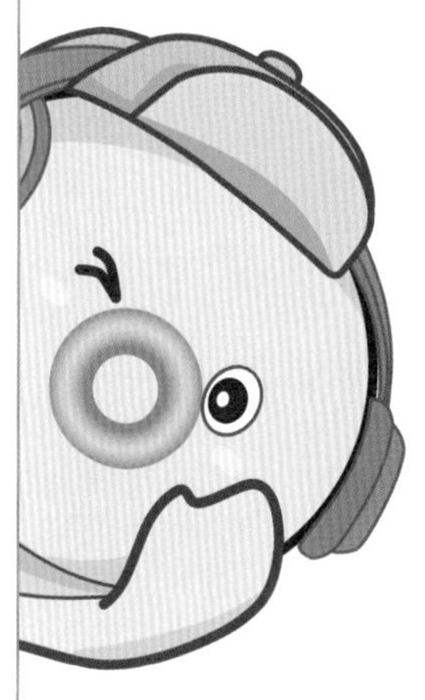

나는 친구의 마음을 얻기 위해서

.... 할 것이다.

왜냐하면 ....

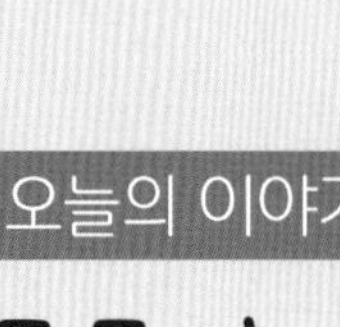

18 일차 월 일

오늘의 이야기

무무의 베스트 프렌드

#우정 #로봇

"이번엔 제일 중요한 친구의 성격에 대해 구체적으로 말해 줘요."

무무는 오디슨 박사가 잘 기억할 수 있도록 천천히 말했어요.

"첫 번째는요, 절대로 배신하지 않는 친구예요. 영원히 베스트 프렌드를 하기로 했으면 중간에 다른 애랑 친하게 지내면 안 돼요!"

무무는 옆에서 유노가 듣고 있기라도 하듯 큰 소리로 힘주어 말했어요.

"오케이! 친구 배신율 0퍼센트!"

"또, 또 있어요. 최고의 친구니까 내 편만 들어줘야 하고요, 오로지 나만 좋아해야 해요. 그리고 내 부탁은 다 들어줘야 하고요, 또……."

무무는 완벽한 친구에게 바라는 점을 생각해 내느라 머리에 쥐가 날 것 같았어요. 오디슨 박사가 재밌는 개그 프로그램을 보고 있는 것처럼 크게 웃었어요.

"허허허! 맞춤 제작 로봇이니까 언제든 생각날 때 또 추가하면 된단다. 다음 주까지 완벽한 친구를 만들어서 데려갈 테니 기다려 주렴."

무무는 '완벽한 친구'라는 말이 마음에 쏙 들었어요. 이제 유노 같은 애하고는 비교도 안 될 만큼 좋은 친구가 생기게 될 거예요.

동화 『나의 베프, 로봇 젠가』 | 글 신채연 그림 한호진

읽기 | 쏙쏙 '오늘의 이야기'를 읽고 문어가 든 메달 안에 ○ 하세요.

눈으로 읽기

따라 읽기

혼자 읽기

내용 쏙쏙 읽은 내용을 떠올리며 문제를 해결해 봅시다.

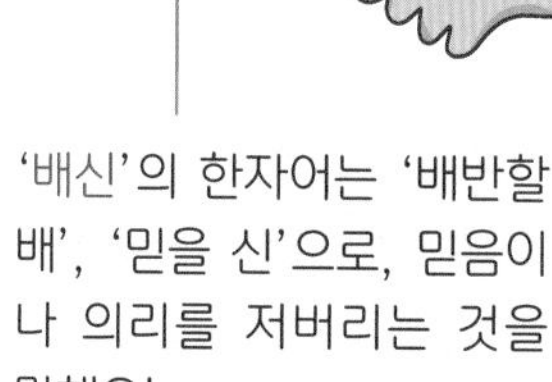

'배신'의 한자어는 '배반할 배', '믿을 신'으로, 믿음이나 의리를 저버리는 것을 말해요!

1 무무에게 지금 필요한 것은 무엇인가요? (　　)

① 강아지　　② 친구　　③ 오디슨 박사

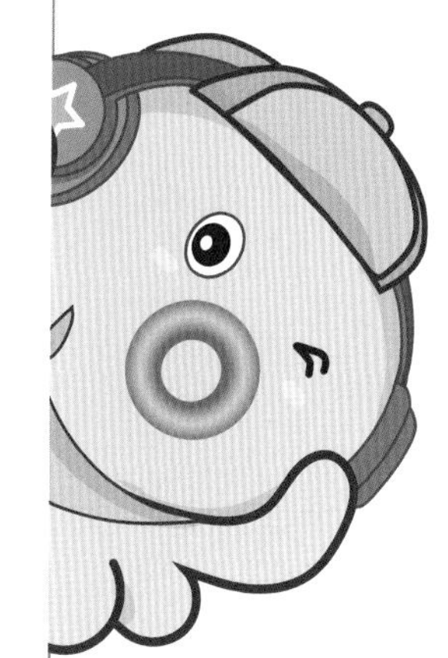

2 무무에게 베스트 프렌드의 첫 번째 조건은 무엇인가요? (　　)

① 배신하지 않는 것
② 함께 잘 노는 것
③ 완벽한 친구일 것

3 "친구의 부탁은 다 들어주어야 한다."라는 무무의 생각에 찬성하는지 반대하는지 정해 ○ 표시를 하고, 이유를 써 보세요.

내 의견 :　　찬성 / 반대

이유

낱말 쏙쏙 낱말을 따라 쓰고 또박또박 읽어 봅시다.

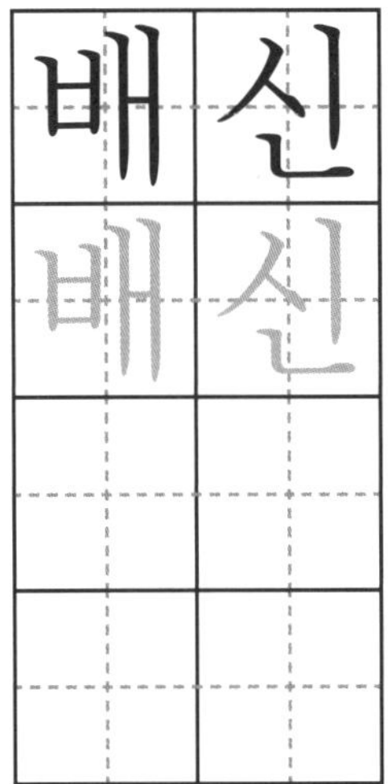

배신

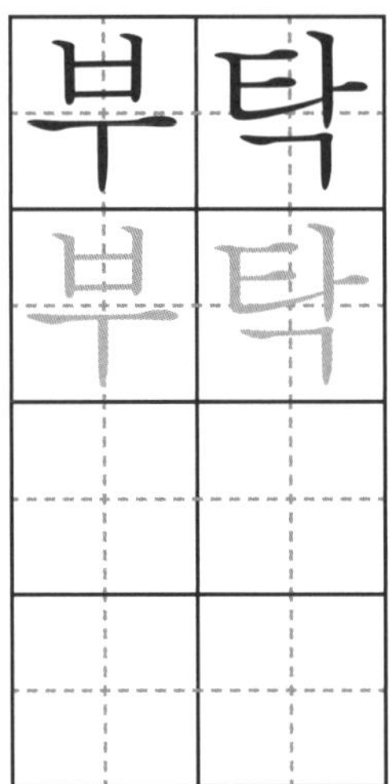

부탁

어떤 일을 이루기 위해 남에게 해 달라고 요청하거나 맡기는 것을 '부탁'이라고 해요!

뜻을 생각하며 '부탁'을 넣어 짧은 문장을 지어 봅시다.

나는 친구에게 연필을 빌려 달라고 부탁했다.

생활 쏙쏙 내가 생각하는 베스트 프렌드의 조건 2개와 이유를 써 봅시다.

베스트 프렌드 조건

1.

2.

이유

예시

- 함께 놀아 주는 친구
- 모르는 것을 잘 알려 주는 친구
- 같이 있으면 마음이 편한 친구
- 기쁜 일에 같이 기뻐하는 친구
- 믿을 수 있는 친구
- 비밀을 잘 지켜 주는 친구
- 내가 힘들 때 위로해 주는 친구
- 집에 갈 때 같이 가는 친구
- 잘 나눌 줄 아는 친구

19 일차 월 일

오늘의 이야기

또 후회할 순 없어

#후회 #친구 #장점

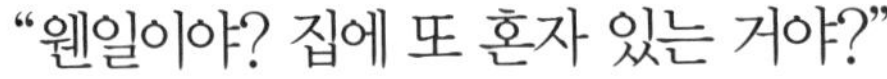

"웬일이야? 집에 또 혼자 있는 거야?"

갑자기 집으로 찾아온 민희를 보고 정우가 물었어요.

"아니, 집에 언니 있는데."

"그럼 무슨 일 있어?"

민희는 침을 꼴깍 삼키고는 정우한테 하고 싶었던 말을 꺼냈지요.

"정우야, 미안해……."

정우가 고개를 갸웃했어요. 민희는 숨을 크게 내쉬었어요. 이번에는 조금 더 용기가 필요했어요.

"넌 세상에서 가장 소중한 내 친구야. 그것도 모르고 너랑 일부러 거리를 두려고 했어. 정말 미안해."

닭살이 토도독 돋았지만, 민희는 진짜 자기 마음을 전하고 싶었어요. 또 후회하면 안 되니까요.

"하아, 다행이다. 요즘 네가 안 놀아 줘서 무지 슬펐는데……. 헤헤."

정우가 배시시 웃었어요. 민희도 자꾸 웃음이 났어요. 싫은 소리 하나 없이 사과를 받아 준 정우가 무척 고마웠지요.

동화 『후회의 이불킥』 | 글 백혜영 그림 이주희

읽기 | 쏙쏙 '오늘의 이야기'를 읽고 문어가 든 메달 안에 ○ 하세요.

내용 쏙쏙 읽은 내용을 떠올리며 문제를 해결해 봅시다.

1 민희가 갑자기 정우를 찾아간 까닭은 무엇인가요? ( )

① 진짜 자기 마음을 전하고 싶었기 때문에
② 집에 혼자 있는 게 무서웠기 때문에
③ 언니와 다투었기 때문에

'거리를 두다'는 가까이 지내지 않고 멀리하는 것을 의미해요!

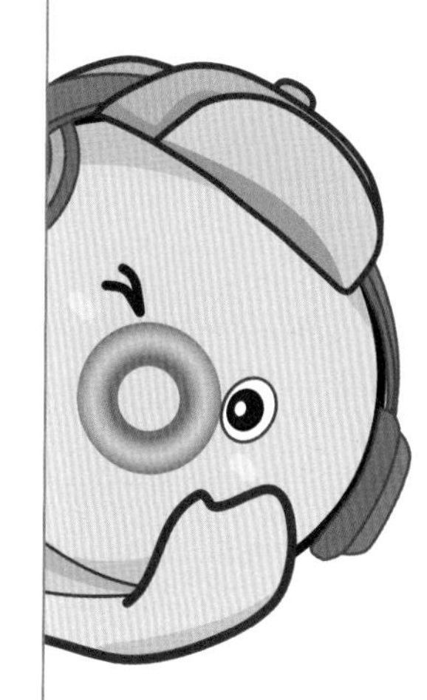

2 민희가 거리를 두려고 했던 사람은 누구인가요? ( )

① 언니 ② 정우 ③ 엄마

3 아래 문장 중 정우에 관해 옳지 않은 내용은 무엇인가요? ( )

① 정우는 요즘 민희와 놀지 못해서 슬펐다.
② 정우는 민희의 사과를 듣고 안심했다.
③ 정우는 민희의 사과를 받고 눈물을 흘렸다.

낱말 쏙쏙

낱말을 따라 쓰고 또박또박 읽어 봅시다.

거리를 두다

거리를 두다

'닭살이 돋다'는 어떤 경험을 했을 때, 피부에 소름이 돋는 느낌을 묘사하는 표현이에요. 놀랍거나 무서울 때, 과하게 느끼한 감정을 경험하는 상황에서 사용하기도 해요!

뜻을 생각하며 '닭살이 돋다'를 넣어 짧은 문장을 지어 봅시다.

그 가수가 첫 소절을 부르자 닭살이 돋았다.

생활 쏙쏙 '쟁이'와 '장이'가 들어가는 낱말에 대해 알아봅시다.

[쟁이]

어떤 성질이나 특징을 가진 사람

(예) 겁**쟁이**: 겁이 많은 사람
고집**쟁이**: 고집이 센 사람

[장이]

특별한 기술을 가진 사람

(예) 양복**장이**: 양복을 만드는 사람
칠**장이**: 칠하는 일을 직업으로 하는 사람

낱말의 뒤에 붙어 새로운 낱말을 만드는 말로 알맞은 것을 골라 ○ 하세요.

[문제 1]

우리 반 수다(쟁이/장이)는 끝없이 이야기를 늘어놓아요.

[문제 2]

우리 할머니는 멋(쟁이/장이)예요.

[문제 3]

우리 마을에는 3대째 전통적인 방식으로 옹기를 만드는 옹기(쟁이/장이)가 계세요.

[문제 4]

개구(쟁이/장이) 친구들이 모여서 함께 놀자 웃음이 끊이질 않았어요.

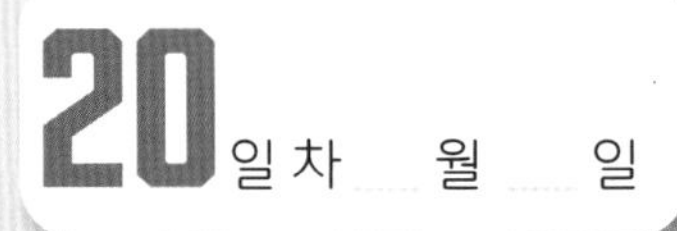

오늘의 이야기

빨리 떠나야 해

#동물권 #생명 존중 #우정

아이는 한숨을 푹 내쉬었어. 그러고는 아기 코끼리 촘촘의 등 뒤로 갔지. 촘촘 등에 자기 등을 맞대고는 온몸으로 촘촘을 밀기 시작했어.

"빨리 여기를 떠나야 해."

안타깝게도 촘촘은 아이의 말을 알아들을 수 없었어. 꿈쩍도 하지 않았지. 아이는 사람들 소리가 들린 쪽과 촘촘을 번갈아 쳐다보며 어쩔 줄 몰라 했어. 그때, 촘촘은 아이의 눈을 봤단다. 간절해 보이는 눈빛에 촘촘은 아이가 미는 대로 걷기 시작했어. 꽤 힘들 법도 한데 아이는 끝까지 포기하지 않았어.

아이가 드디어 걸음을 멈췄어. 촘촘의 눈에도 익숙한 곳이었지. 아까 마을을 처음 발견한 그 숲이었단다. 그제야 촘촘은 아이가 숲으로 가는 길을 찾아 주려고 했다는 것을 알아챘어. 고마운 마음이 들었지.

그런데 말이야. 그런 촘촘의 마음이 아이에게도 전해졌나 봐. 아이는 조심스럽게 촘촘의 다리에 손바닥을 댔어. 그리고 조심스럽게 쓰다듬었지.

"잘 가, 그리고 다시는 마을에 함부로 내려오면 안 돼. 큰일 난다고!"

아이가 손을 떼고 나서야 촘촘은 숲을 향해 걷기 시작했어.

동화『기억해 줘』| 글 신전향 그림 전명진

읽기 쏙쏙 '오늘의 이야기'를 읽고 문어가 든 메달 안에 ○ 하세요.

눈으로 읽기

따라 읽기

혼자 읽기

내용 쏙쏙 읽은 내용을 떠올리며 문제를 해결해 봅시다.

1 글 속의 문장 중, 아래의 밑줄 친 부분은 어디를 의미하나요? (   )

"빨리 <u>여기</u>를 떠나야 해."

① 동굴 ② 숲 ③ 마을

'꿈쩍도 안 하다'는 어떤 상황 또는 일에 대해 아무런 움직임이나 반응이 없는 것을 의미해요!

2 꿈쩍도 하지 않던 촘촘이 걷게 된 계기는 무엇인가요? (   )

① 인간의 말을 알아들을 수 있게 돼서

② 아이의 간절해 보이는 눈빛을 봐서

③ 아이가 미는 힘이 촘촘의 힘보다 세서

3 촘촘이 아이에게 느낀 감정은 무엇인가요? (   )

① 뿌듯함

② 고마움

③ 원망스러움

낱말 쏙쏙 낱말을 따라 쓰고 또박또박 읽어 봅시다.

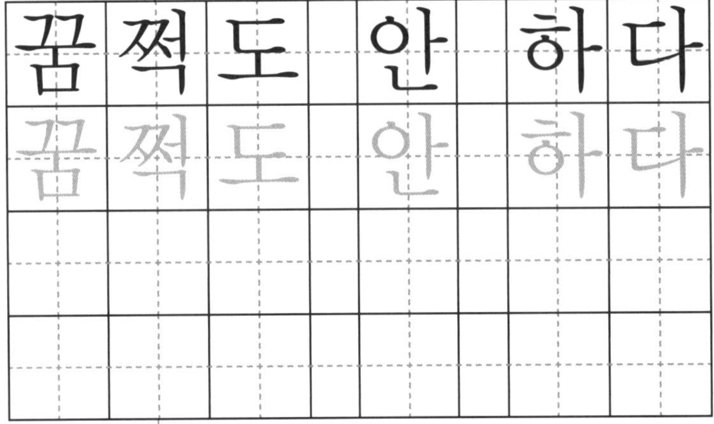

꿈	쩍	도	안	하	다
꿈	쩍	도	안	하	다

알	아	채	다
알	아	채	다

'알아채다'는 드러나지 않은 사건이나 생각을 눈치나 짐작으로 미리 아는 것을 의미해요!

뜻을 생각하며 '알아채다'를 넣어 짧은 문장을 지어 봅시다.

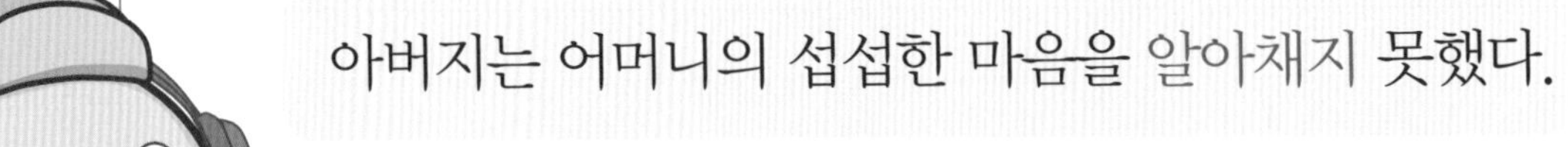

아버지는 어머니의 섭섭한 마음을 알아채지 못했다.

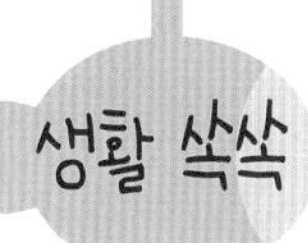

일상생활 속에서 자주 틀리는 맞춤법의 뜻을 알아보고, 알맞은 말을 골라 ○ 해 봅시다.

[자주 틀리는 표현 1]

간절해 보이는 눈빛에 촘촘은 아이가

미는 대로/데로 걷기 시작했어.

'어떤 상태나 행동이 나타나는 족족'이라는 뜻을 담고 있는 표현이에요.

[자주 틀리는 표현 2]

힘들 법도 한데 아이는 끝까지

포기하지 않았어/안았어 .

'아니하다'라는 뜻을 담고 있는 표현이에요.

[자주 틀리는 표현 3]

다시는 마을에 함부러/함부로 내려오면 안 돼.

조심하지 않거나 깊게 생각하지 않고 말과 행동을 마음 내키는 대로 한다는 뜻을 담고 있는 표현이에요.

네 번째 복습 마당

몸풀기 마당

<보기>를 참고하여 맞춤법에 맞게 빈칸을 완성해 봅시다.

보기

수탕나귀

당나귀

암탕나귀

수컷
새끼를 배지 않는 쪽.
사람으로는 남자에 해당해요.

일반적으로 동물의 암수를 구별하여 단어의 앞에 '암'과 '수'를 덧붙여 줄 때는 다음 음절이 거센소리로 바뀌어요.

ㄷ ⇨ ㅌ , ㄱ ⇨ ㅋ, ㅂ ⇨ ㅍ

암컷
새끼를 배는 쪽.
사람으로는 여자에 해당해요.

①  수

돼지

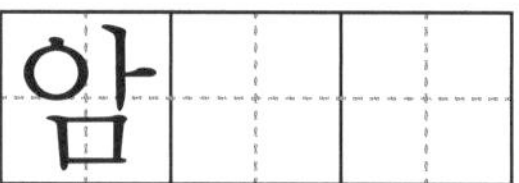 암

② 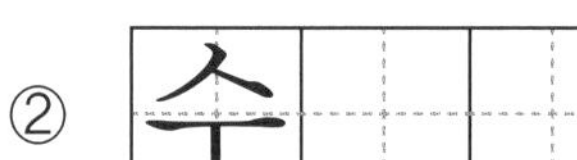 수

강아지

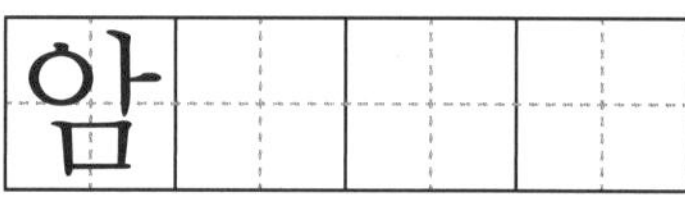 암

③ 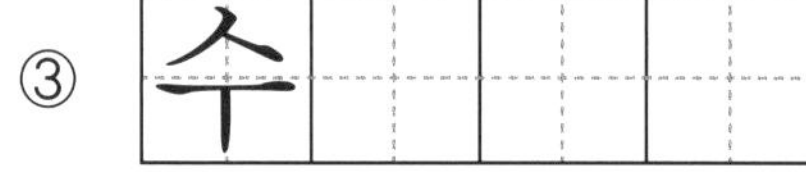 수

병아리

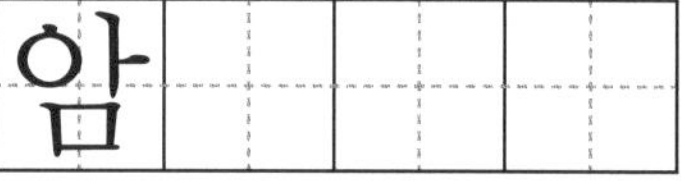 암

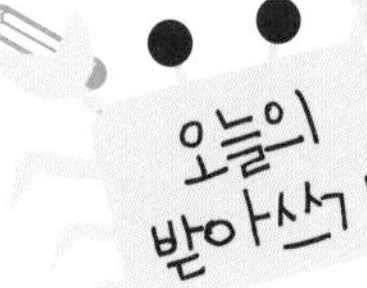

오늘의 받아쓰기

들려주는 낱말을 잘 듣고 빈칸에 써 봅시다.

① 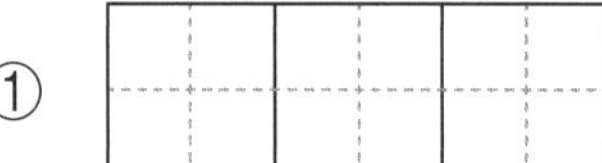

② 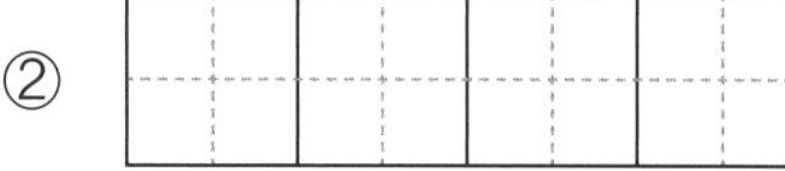

③ 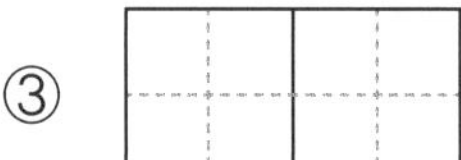

④  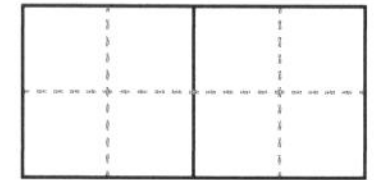

⑤  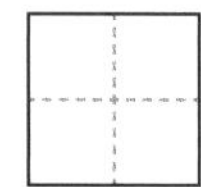 

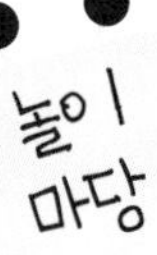

설명에 해당하는 낱말을 맞힌 뒤, 5가지 낱말 중 3가지를 선택하여 해당 표현이 들어가는 상상의 이야기를 지어 봅시다.

□□하다	□□를 □□	□□채다
부끄럽거나 당황스러워서 누군가와 마주하기 힘들 때 사용하는 표현	어떤 대상과 가까이 지내지 않고 멀리하는 것	드러나지 않은 사실에 대해 짐작하여 미리 아는 것

□□	□□
일을 해 나가는 길 또는 수단	믿음이나 의리를 저버리는 것

내가 선택한 낱말 ______________________

제목 : **작가 :**

동화로 키우는
문해력 어휘력 발달 프로젝트

1일 차 사이 떡볶이 모임을 만들다

내용 쏙쏙	1. ② 2. ③ 3. **(예시)** 주인공이 예림이와의 사랑을 이루었다는 것을 의미한다, 주인공이 예림이와 사귀게 된 것을 뜻한다 등
낱말 쏙쏙	**(예시)** 나는 아침에 스스로 일어나기를 다짐했다.
생활 쏙쏙	**(예시)** 우리 모임은 일주일에 한 번 책을 읽는다, 우리 모임은 일주일에 두 번 축구를 한다 등

내용 쏙쏙 도움말

1. (10~11번째 줄) "우리 모임 이름으로, '사랑이 이루어지는 떡볶이'를 줄여서 '사이 떡볶이' 어때?"
2. (8번째 줄) 하루에 한 번, 미션을 적으면 열심히 도와주기
3. (9번째 줄) 사랑이 이루어진 사람이 '팝 떡볶이' 쏘기!

2일 차 수상한 마니토

내용 쏙쏙	1. ② 2. ① 3. ②
낱말 쏙쏙	**(예시)** 누나는 거짓말을 들키지 않기 위해 은근슬쩍 말을 돌렸다.
생활 쏙쏙	**(예시)** 친구 : 박문어 칭찬할 점 : 친구들이 자신감을 잃었을 때 네가 긍정적인 말로 용기를 불어넣어 주던 모습이 참 멋졌어!

내용 쏙쏙 도움말

1. (1번째 줄) 오늘 마니토 미션은 '마니토 칭찬 메시지'였다.
2. (10~11번째 줄) 그러고 보니 아까 과자 꾸러미를 넣은 사람이 누군지 물었을 때 말 돌린 것도 수상했다.
3. (4~5번째 줄) 샛별이도 둥글고 예쁜 글씨체를 숨기려고 일부러 글자 끝을 뾰족하게 썼다.

3일 차 만화가 할머니

내용 쏙쏙	1. ③ 2. ② 3. ③
낱말 쏙쏙	**(예시)** 군대 가는 오빠를 배웅해 주었다.
생활 쏙쏙	관용어구 – 의미 발이 넓다. – 알고 지내는 사람이 많은 것. 마음이 넓다. – 다른 사람을 배려하고 너그러운 것. 시야가 넓다. – 여러 경험을 통해 다양한 생각이 가능해지는 것. 오지랖이 넓다. – 남의 일에 간섭을 많이 하는 성격. * 오지랖 : 옷의 앞자락

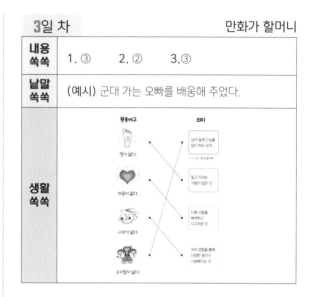

내용 쏙쏙 도움말

1. (1번째 줄) 레오는 이때다 싶어서 할머니에게 물었다.
2. (3~5번째 줄) "좋은 내용의 만화는 도움이 된다고 생각해요. 그런데 중요한 건, 만화만 고집하면 안 된다는 거예요. 다양한 책을 봐야 해요."
3. (5~6번째 줄) "저도 만화를 그리려고 고민하다 보니 여러 분야의 책을 읽고 있어요."

4일 차 환상의 비밀 교실

내용 쏙쏙	1. ② 2. ③ 3. **(예시)** 내가 좋아하는 가수가 일주일에 한 번 선생님이 되는 교실, 친구들과 웃으며 신나게 노는데 시험을 치면 백 점인 교실, 먹고 싶은 것을 말하면 급식 시간에 나오는 교실 등
낱말 쏙쏙	**(예시)** 오늘 나의 생일 축하 파티는 환상적이다.
생활 쏙쏙	문제 1: ○ / 문제 2: ○ / 문제 3: × / 문제 4: ○

문제 1	문제 2	문제 3	문제 4
○	○	×	○

내용 쏙쏙 도움말

1. (10~11번째 줄) "네모 모양 아홉 개가 네 줄로 있고, 금색 도형이 돌고 있어." 미나가 말하는 것은 비밀 교실 지도가 분명했다.
2. (15번째 줄) "말로 표현할 수 없을 만큼 환상적인 곳!"

5일 차 쓰레기통이 된 책상

내용 쏙쏙	1. ③ 2. ② 3. ②
낱말 쏙쏙	(예시) 나는 다른 친구들보다 행동이 굼뜨다.
생활 쏙쏙	(예시) -너무 느린 사람: 거북이, 달팽이 등 -너무 빠른 사람: 치타, 타조 등 -키가 큰 사람: 기린, 대왕고래 등 -점프를 잘하는 사람: 개구리, 고양이 등 -무서운 사람: 호랑이, 악어 등

내용 쏙쏙 도움말

1. (3~4번째 줄) 게임 레벨 올리기가 취미라더니 거의 휴대폰에 미친 것 같았다.
2. (8~9번째 줄) 뜻밖의 물건들이 책상 위에 널려 있었기 때문이다.
3. (13~14번째 줄) 그러나 은수는 내 기분을 아는지 모르는지 열심히 손가락만 놀리고 있었다.

첫 번째 복습 마당

사귀다 놀리다 읽는다 재미있다

1 친구를(가) 2 책이(을)

웃기다 사랑한다 좋다 본다

① 다짐하다 ② 전달 ③ 넓다
④ 환상적 ⑤ 굼뜨다

다짐하다 / 암호 / 넓다 / 배웅 / 환상적 / 예)웅성웅성 / 마음이 넓다 / 예)구수하다 / 발이 넓다 / 조건 / 예)시다 / 굼뜨다 / 예)반짝반짝 / 손을 움직이는 것 / 오지랖이 넓다 / 예)매끈매끈

6일 차 축구공에 담긴 이야기

내용 쏙쏙	1. ② 2. ② 3. 생략
낱말 쏙쏙	(예시) 일주일 동안 틈틈이 독서를 했더니 어느새 책 한 권을 다 읽었다.
생활 쏙쏙	경기 ① 준준 / 경기 ② 준준 / 경기 ③ 준 / 경기 ④ 준 / 경기 ⑤ 결

경기 ①	경기 ②	경기 ③	경기 ④	경기 ⑤
준준	준준	준	준	결

내용 쏙쏙 도움말

1. (4~5번째 줄) 실제로 공을 만들 때는 손으로 바느질해서 꿰매야 좋은 공이 만들어진다고 해요.
2. (13번째 줄) 반 아이들 전체가 들어간 그림이었어요.

7일 차 사실은 말이야

내용 쏙쏙	1. ① 2. ③ 3. ②
낱말 쏙쏙	(예시) 나는 답을 몰라 애매한 말로 얼버무렸다.
생활 쏙쏙	(예시) 좋아하는 노래 듣기, 산책하기, 땀 흘리며 달리기, 영화 보기, 가족들과 수다 떨기 등

내용 쏙쏙 도움말

1. (9번째 줄) "오빠 창피할까 봐."
2. (5번째 줄) "내가 울타리 깨는 거 봤어?"
   (11~12번째 줄) 그날 화나는 일이 있었는데 엉뚱한 데다가 화를 풀었다고.
3. (13~14번째 줄) 그러다가 솔미가 붙여 주었던 스티커 자국을 보고 용기를 냈다고.

8일 차 감사의 편지

내용 쏙쏙	1. ③ 2. ② 3. ③
낱말 쏙쏙	(예시) 나는 성실히 생활하는 것으로 마음에 진 빚을 갚았다.
생활 쏙쏙	생략

내용 쏙쏙 도움말

1. (8번째 줄) 그래서 제가 말을 많이 더듬지 않게 되었고
2. (11~13번째 줄) 공부방에 가서 공부할 때 제가 가수가 되고 싶다고 하니까 제게 노래를 가르쳐 주셔서 이제는 노래가 세상에서 제일 좋아졌어요.
3. (8~9번째 줄) 우리 아빠가 저를 더 이상 때리지 않아요.

9일 차 진짜 친구

내용 쏙쏙	1. ③ 2. ② 3. ②
낱말 쏙쏙	(예시) 봄이 오니 여행을 가고 싶어 마음이 간질간질했다.
생활 쏙쏙	(예시) 별아, 아까 너와 축구 시합을 했던 문어야. 경기에 져서 울고 있던 네 마음을 이해하지 못하고 너무 쉽게 말해 미안해. 하지만 그 말이 너를 위로하고 싶은 내 마음인 것은 믿어 줘. 다음에 보자.

내용 쏙쏙 도움말

1. (4~5번째 줄) "내가 난리 치고 뛰쳐나왔는데, 네가 거기 우뚝 서 있지 뭐야."
2. (12~13번째 줄) "강우야, 나 어디서 읽었는데 진짜 친구라면 말이야, 힘들 땐 혼자 견디기보다 친구한테 어깨를 기댈 줄 알아야 한대."
3. 난리 치고 뛰쳐나오는 모습을 여자 친구에게 보이면 부끄럽고 당황스러울 것이다.

두 번째 복습 마당

동전, 무궁화 ⟶ 동화로
키위, 우산 ⟶ 키우는
문방구, 해돋이 ⟶ 문해력

① 튼튼이 ② 얼버무리다
③ 간질간질 ④ 까마득하다

① 나는 나를 사랑한다
② 좋은 친구 되기

(예시)
나는 나를 사랑한다를 골랐습니다.
왜냐하면 나에게 자신감을 북돋아 주고 싶기 때문입니다.

10일 차 공부는 힘들어

내용 쏙쏙	1. ② 2. ① 3. 공부를 잘하고 다른 아이들을 이겨서 1등을 하는 것.
낱말 쏙쏙	(예시) 산꼭대기에 도착하려면 까마득하다.
생활 쏙쏙	(예시) 저는 꿈을 이루기 위해 공부를 열심히 하겠습니다. 그리고 뛰어난 실력과 배려심을 갖춘 어른이 되어 어려운 사람이 잘 살아가도록 돕겠습니다.

내용 쏙쏙 도움말

1. (7~10번째 줄) 나는 공부하는 게 너무 힘들어. 학원에 다니는 것이 정말 괴로워. 공부가 없는 세상에서 살면 얼마나 좋을까, 하고 가끔 생각해. 물론 공부를 잘하고는 싶어. 공부를 못하고 싶은 아이가 세상에 어디 있겠어?
2. (4~6번째 줄) 오히려 앞으로 민석이를 이기기 위해 학원을 더 다녀야 한다고 생각하니 앞이 까마득해지면서 가슴이 터질 것처럼 답답해졌어.
3. (11~12번째 줄) 지난 추석 때 보름달을 보며 소원을 빈 적이 있어. 나의 가장 큰 소원은 공부를 잘하고 다른 아이들을 이겨서 1등을 하는 거였지.

11일 차 깨작공주의 꼼수

내용 쏙쏙	1. ③ 2. ② 3. (예시)
낱말 쏙쏙	(예시) 시합에서 이기기 위해 꼼수를 부리는 것은 옳지 않다.
생활 쏙쏙	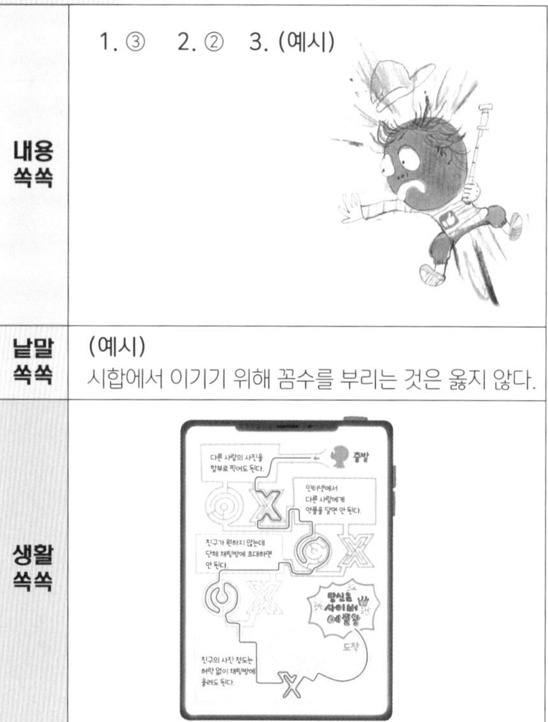

내용 쏙쏙 도움말

1. (1~2번째 줄) 그래서 항상 급식을 콩알만큼 받아 오고, 반찬도 대부분 남긴다.
2. (3~4번째 줄) 그 꼼수가 무엇인지 밝히는 과정을 카메라에 담아야 한다.

12일 차 레오의 만능 간장

내용 쏙쏙	1. ③ 2. ② 3. ①
낱말 쏙쏙	(예시) 친구들과 신나게 뛰어놀아 마음이 흡족하다.
생활 쏙쏙	생략

내용 쏙쏙 도움말

1. (1~2번째 줄) 아이들은 선생님 눈치를 보며 잽싸게 국에다 간장을 뿌렸다.
2. (5번째 줄) 심심하게 끓인 쇠고기뭇국에도 만능 간장은 아주 잘 어울렸다.
3. (13번째 줄) 이게 다 엄마가 요리를 못한 덕분이다.

13일 차 벅찬 감정으로 터진 눈물샘

내용 쏙쏙	1. ③ 2. ② 3. ②
낱말 쏙쏙	(예시) 올림픽에서 금메달을 목에 건 선수가 벅찬 표정을 지었다.
생활 쏙쏙	생략

내용 쏙쏙 도움말

1. (4번째 줄) 인하는 아주 정확하게 자신을 바라보고 있다.
2. (10~11번째 줄) 그러고 보니 소현이는 인하에게 자기 입으로 직접 시력 기부에 대한 말을 한 적이 없다.
3. (14~15번째 줄) 지금 그녀의 눈에서 흐르는 눈물은 기쁨을 주체할 수 없어서 쏟아져 나오는 행복의 눈물이다.

14일 차 바위와 물의 우정

내용 쏙쏙	1. ③ 2. 향 — (바위) / 영우 — (강물) 단단함, 부드러움, 강력함, 유연함 3. ②
낱말 쏙쏙	(예시) 몸과 마음을 단련하는 것은 둘 다 중요해요.
생활 쏙쏙	(예시) 친구 이름 : 박세종 친구의 멋진 점 : 혼자 있는 친구들에게 먼저 다가가 같이 놀자고 해요. 본받을 점 : 도움이 필요한 사람에게 먼저 손 내미는 모습을 본받고 싶어요.

내용 쏙쏙 도움말

1. (3~4번째 줄) 다이아몬드처럼 강하게 신체를 단련시켜 강력한 주먹을 내지른다거나 번개 같은 속도로 움직이는 방식의 무공이었다.
2. (2~3번째 줄) 향의 무공은 단단한 바위 같은 스타일이었다.
   (5번째 줄) 영우는 흐르는 강물처럼 유연하고 부드러운 스타일이었다.
3. (9~10번째 줄) 이렇게 전혀 다른 스타일은 둘의 무공을 연마하는 데에 큰 도움이 되었다.
   (11~13번째 줄) 서로가 부족한 점을 배울 수 있었다. 그리하여 둘의 무공 실력은 짧은 시간 안에 몇 단계를 뛰어넘으며 빠르게 성장해 나갔다.

15일 차 레디, 액션!

내용 쏙쏙	1. ② 2. 스마트폰이 터지다. — 전파가 잡히다. 폭약이 터지다. — 열기가 세차게 퍼져 나가다. 속이 터지다. — 억눌린 감정이 쏟아져 나오다. 3. ②
낱말 쏙쏙	(예시) 아버지는 그윽한 눈으로 딸을 바라보았다.
생활 쏙쏙	생략

내용 쏙쏙 도움말

1. (7번째 줄) "이건 요망한 게 아니라 스마트폰이라는 거야."
3. 케미는 화학 작용을 뜻하는 영어 단어 케미스트리의 줄임말로, 사람들 사이의 조화나 주고받는 호흡을 이르는 말이에요.

세 번째 복습 마당

(예시)
① 그윽(하게), 그윽(한), 그윽(하니) 등
② 벅차(고), 벅차(게), 벅차(서) 등

① 깨작대다
② 흡족하다
③ 벅차다
④ 유연하다
⑤ 그윽하다

생략

16일 차 좋은 게 좋다

내용 쏙쏙	1. ① 2. ① 3. ③
낱말 쏙쏙	(예시) 사람이 많은 길가에서 넘어져 무안했다.
생활 쏙쏙	(아래 표)

1	2	3	4	5	6	7	8	9	10
×	○	×	○	○	×	○	○	×	×

내용 쏙쏙 도움말

1. (3~4번째 줄) 무안해진 내가 괜찮다는 뜻으로 손사래를 치려고 할 때였다.
2. (5~7번째 줄) "연우도 별로 친하지 않은 내 앞에서 철우 얘기 하면 싫지 않을까?" "아…… 연우야, 미안." 도란이가 아라와 나를 번갈아 보더니, 바로 사과했다.
3. (11번째 줄) "아무리 친한 사이여도 싫으면 싫다고 하면 안 돼? 참지 말고 말이야."
(14~16번째 줄) 나한테는 정말 어려운 일이다. 부모님과 살 때도 그랬지만 할머니와 살면서는 내 의견을 더 말하지 않았다. '좋은 게 좋다.'가 어느새 내 성격이 돼 버린 것 같았다.

17일 차 친구 마음 훔치기

내용 쏙쏙	1. ② 2. ② 3. (예시) 네가 나를 답답하다고 비난하듯 말하니까 기분이 나빠. 그런 말은 하지 않으면 좋겠어.
낱말 쏙쏙	(예시) 학교에 지각할 것 같아 조마조마하고 가슴이 답답하다.
생활 쏙쏙	(예시) 나는 친구의 마음을 얻기 위해서 최선을 다해 친구를 도울 것이다. 왜냐하면 진정한 친구가 되고 싶기 때문이다.

내용 쏙쏙 도움말

1. (6번째 줄) "친해지려면 오도룡, 네가 거북이의 마음을 훔쳐야 해."
2. (15번째 줄) "상대방의 마음을 훔치는 기술이 뛰어난 도둑이거든."

18일 차 무무의 베스트 프렌드

내용 쏙쏙	1. ② 2. ① 3. (예시) 찬성 이유 : 친구 부탁을 다 들어주어야 나중에 내 부탁도 다 들어줄 것 같기 때문이다. 반대 이유 : 친구가 잘못된 부탁을 하면 그것을 들어주지 않는 것이 진정한 친구라고 생각하기 때문이다.
낱말 쏙쏙	(예시) 같은 부탁을 여러 번 하면 상대방에게 미안하다.
생활 쏙쏙	문어 예시 참고

내용 쏙쏙 도움말

1. (14~15번째 줄) 무무는 '완벽한 친구'라는 말이 마음에 쏙 들었어요. 이제 유노 같은 애하고는 비교도 안 될 만큼 좋은 친구가 생기게 될 거예요.
2. (3번째 줄) "첫 번째는요, 절대로 배신하지 않는 친구예요."

19일 차 또 후회할 순 없어

내용 쏙쏙	1. ① 2. ② 3. ③
낱말 쏙쏙	(예시) 무서운 이야기를 들으니 온몸에 닭살이 돋는다.
생활 쏙쏙	[문제 1] 수다쟁이 [문제 2] 멋쟁이 [문제 3] 옹기장이 [문제 4] 개구쟁이

내용 쏙쏙 도움말

1. (11번째 줄) 닭살이 토도독 돋았지만, 민희는 진짜 자기 마음을 전하고 싶었어요.
2. (6번째 줄) "정우야, 미안해……."
   (9~10번째 줄) "넌 세상에서 가장 소중한 내 친구야. 그것도 모르고 너랑 일부러 거리를 두려고 했어. 정말 미안해."
3. (13~15번째 줄) "하아, 다행이다. 요즘 네가 안 놀아 줘서 무지 슬펐는데……. 헤헤." 정우가 배시시 웃었어요. 민희도 자꾸 웃음이 났어요. 싫은 소리 하나 없이 사과를 받아 준 정우가 무척 고마웠지요.

20일 차 빨리 떠나야 해

내용 쏙쏙	1. ③ 2. ② 3. ②
낱말 쏙쏙	(예시) 경찰은 전화를 건 사람이 위급한 상황인 것을 알아챘다.
생활 쏙쏙	대로/데로 않았어/안았어 함부러/함부로

내용 쏙쏙 도움말

1. (9~10번째 줄) 아까 마을을 처음 발견한 그 숲이었단다.
   (14번째 줄) "잘 가, 그리고 다시는 마을에 함부로 내려오면 안 돼. 큰일 난다고!"
2. (6~7번째 줄) 그때, 촘촘은 아이의 눈을 봤단다. 간절해 보이는 눈빛에 촘촘은 아이가 미는 대로 걷기 시작했어.
3. (11번째 줄) 고마운 마음이 들었지.

네 번째 복습 마당

① 수퇘지, 암퇘지
② 수캉아지, 암캉아지
③ 수평아리, 암평아리

① 손사래
② 답답하다
③ 부탁
④ 닭살이 돋다
⑤ 꿈쩍도 안 하다

무안하다, 거리를 두다, 알아채다, 방법, 배신

(예시)
내가 선택한 낱말 : 알아채다, 방법, 배신
제목 : 도둑을 잡아라! 작가 : 김문어
나, 김문어는 우리나라 최고의 경찰이다. 다이아몬드 도둑을 잡기 위해 나는 나만의 특급 방법을 사용해 범인을 알아챘다. 결과는 이번에도 성공! 세심한 관찰력과 빠른 행동력은 오늘도 나를 배신하지 않았다.

〈오늘의 이야기〉 수록 도서

일 차	오늘의 이야기	수록 도서명	지은이
1	사이 떡볶이 모임을 만들다	사이 떡볶이	글_소연 그림_원유미
2	수상한 마니토	자체 발광 오색별	글_정희용 그림_정은선
3	만화가 할머니	레오의 완벽한 초등 생활	글_이수용 그림_정경아
4	환상의 비밀 교실	비밀 교실 2	글_소연 그림_유준재
5	쓰레기통이 된 책상	뒤끝 작렬 왕소심	글_원유순 그림_원유미
6	축구공에 담긴 이야기	신기한 학교 매점	글_이미현 그림_김미연
7	사실은 말이야	솔미표 방패 스티커	글_박현경 그림_김준영
8	감사의 편지	비겁한 구경꾼	글_조성자 그림_이영림
9	진짜 친구	그때 너 왜 울었어?	글_박현경 그림_이영환
10	공부는 힘들어	어느 날 갑자기	글_서지원 그림_심윤정
11	깨작공주의 꼼수	세상을 바꾸는 크리에이터	글_원유순 그림_심윤정
12	레오의 만능 간장	레오의 기절초풍 초등 생활	글_이수용 그림_정경아
13	벅찬 감정으로 터진 눈물샘	카이로스의 시간 상점 1	글_김용세 그림_이영환
14	바위와 물의 우정	여하튼 둘이 함께 최강의 무공	글_이승민 그림_이경석
15	레디, 액션!	카이로스의 시간 상점 1	글_김용세 그림_이영환
16	좋은 게 좋다	슬리퍼	글_조현미 그림_김주경
17	친구 마음 훔치기	잘 훔치는 기술	글_박현숙 그림_조히
18	무무의 베스트 프렌드	나의 베프, 로봇 젠가	글_신채연 그림_한호진
19	또 후회할 순 없어	후회의 이불킥	글_백혜영 그림_이주희
20	빨리 떠나야 해	기억해 줘	글_신전향 그림_전명진

초등문해력교사연구회 집필진

이인희 | 아이들이 행복한 교육을 꿈꾸는 초등학교 수석 교사이면서 대구교육대학교 대학원 겸임 교수입니다. 놀이, 독서, 리더십 교육을 통해 아이들이 행복한 리더 되는 비전을 갖고 있습니다. 2019년 대한민국 스승상을 수상하였고, KBS 다큐 세상, 대구 아침마당에 출연하였습니다. 대구독서인문지원단 초등 대표, 초등문해력교사연구회에서 활동하고 있습니다. 아이스크림원격연수 개설, 두산그룹, 몽골 울란바타르 대학, 전국 교육연수원 및 교육청 등에서 연수하였습니다. 지은 책으로는 『그림책 놀이수업의 기적』, 『교실놀이, 수업에 행복을 더하다』 등이 있습니다.

김용세 | 초등학교에서 아이들과 다양한 프로젝트 학습을 하며 행복한 교실을 만들어 가고 있습니다. 한국교원대학교 초등국어교육 대학원을 수료하였고, 초등문해력교사연구회 및 교사동화창작회를 운영하고 있습니다. 『괜찮은 학교 사용 설명서』로 제25회 MBC 창작동화 대상 웹 동화 부문에 당선되었습니다. 지은 책으로는 『카이로스의 시간 상점』 시리즈, 『신기한 맛 도깨비 식당』 시리즈, 『어린이 수사대 넘버스』 시리즈, 『경태의 병아리』, 『12개의 황금열쇠』, 『수학빵』 등이 있습니다.

정혜인 | 초등학교에서 다년간 저학년 담임을 맡아 아이들과 생활하며 문해력과 어휘력이 모든 학습의 기초가 됨을 깨닫고 '독서 교육'과 '소리 내어 글 읽기'를 꾸준히 지도하는 중입니다. 초등문해력교사연구회, 세종동화창작교육연구회, 세계시민 시도 및 중앙 선도 교사, 영재원 지도 강사, 세종시 교육청 교실 수업 자료집 편찬 위원으로 활동하였습니다.
지금은 어린이를 위한 책을 직접 쓰고 있으며, 지은 책으로는 『춘기닷컴』이 있습니다.

구이지 | 초등학교에서 어린이들과 생활하며 문해력과 어휘력이 모든 학습의 기초가 됨을 깨달아 재미있는 말놀이에 대해 연구하고 온책읽기 자료를 지속적으로 개발하였습니다. 초등문해력교사연구회, 세종동화창작교육연구회, 세종초등AI연구회에 참여 중이며 세계시민 시도 및 중앙 선도 교사, 세종시 영재원 지도 강사, 세종시 교육청 교실 수업 자료집 편찬 위원으로 활동하였습니다.